中国革命老区振兴研究全书

丛书主编：刘耀彬；执行主编：彭继增

研究阐释习近平文化思想和习近平总书记考察江西重要讲话精神省社科基金专项课题"江西省战略新兴产业链发展整合策略研究"（项目编号：23ZXQH09）；

南昌大学中国中部经济社会发展研究中心招标项目"中国革命老区红皮书（中国革命老区振兴政策史）"（项目编号：22zbzx04）

中国革命老区振兴发展历程

李　晶　钟无涯　著

中国财经出版传媒集团

经济科学出版社
Economic Science Press

·北京·

图书在版编目（CIP）数据

中国革命老区振兴发展历程/李晶，钟无涯著. ––
北京：经济科学出版社，2024.4
（中国革命老区振兴研究全书）
ISBN 978 – 7 – 5218 – 5829 – 7

Ⅰ.①中…　Ⅱ.①李…②钟…　Ⅲ.①革命纪念地 –
区域经济发展 – 研究 – 中国　Ⅳ.①F127

中国国家版本馆 CIP 数据核字（2024）第 079909 号

责任编辑：李一心
责任校对：李　建
责任印制：范　艳

中国革命老区振兴发展历程

ZHONGGUO GEMING LAOQU ZHENXING FAZHAN LICHENG

李　晶　钟无涯　著

经济科学出版社出版、发行　新华书店经销
社址：北京市海淀区阜成路甲 28 号　邮编：100142
总编部电话：010 – 88191217　发行部电话：010 – 88191522
网址：www. esp. com. cn
电子邮箱：esp@ esp. com. cn
天猫网店：经济科学出版社旗舰店
网址：http：//jjkxcbs. tmall. com
北京季蜂印刷有限公司印装
710 × 1000　16 开　12.25 印张　203000 字
2024 年 4 月第 1 版　2024 年 4 月第 1 次印刷
ISBN 978 – 7 – 5218 – 5829 – 7　定价：48.00 元
（图书出现印装问题，本社负责调换。电话：010 – 88191545）
（版权所有　侵权必究　打击盗版　举报热线：010 – 88191661
QQ：2242791300　营销中心电话：010 – 88191537
电子邮箱：dbts@ esp. com. cn）

序

　　革命老区是党和人民军队的根，是中国人民选择中国共产党的历史见证。革命老区大部分位于多省交界地区，很多仍属于欠发达地区。党和国家高度重视革命老区的振兴发展，关心关爱老区人民。2012年以来，国务院先后批准了支持赣南等原中央苏区和陕甘宁、左右江、大别山、川陕等革命老区振兴发展的政策文件，部署实施了一批支持措施和重大项目，助力革命老区如期打赢脱贫攻坚战，为全面建成小康社会做出了积极贡献。当前革命老区迎来了脱贫攻坚成果巩固以及高质量发展的新时期，开启了2035年与全国同步现代化的新征程。

　　江西是一片书写了中国革命光荣与梦想、浸染着无数革命先烈热血的红土地。井冈山是中国革命的摇篮，南昌是中国人民解放军的诞生地，瑞金是中华苏维埃共和国临时中央政府成立的地方，安源是中国工人运动的策源地，于都是万里长征的出发地。习近平总书记始终对江西革命老区饱含着赤子之心，始终对老区人民倾注着深情大爱。2019年5月20日，习近平总书记在江西调研时来到当年长征的出发地赣州于都，深刻指出："我来这里也是想让全国人民都知道，中国共产党不忘初心，全中国人民也要不忘初心，不忘我们的革命宗旨、革命理想，不忘我们的革命前辈、革命先烈，不要忘了我们苏区的父老乡亲们。"[①] 总书记要求江西"努力在加快革命老区高质量发展上作示范、在推动中部地区崛起上勇争先"。2023年10月10日至13日，习近平总书记时隔四年再次亲临红色江西考察，总书记勉励江西"努力在加快革命老区高质量发展上走在前、在推动中部地区崛起上勇争先、在推进长江经济带发展上善作为。"[②] 总书记的讲话既是对江西的发展要求，

[①]《弘扬"长征精神"重整行装再出发》，共产党员网，2019年6月21日。
[②]《在加快革命老区高质量发展上走在前》，载于《江西日报》2023年10月19日。

同时也为江西指明了前进方向。

"在加快革命老区高质量发展上作示范""在加快革命老区高质量发展上走在前"是总书记对江西的殷切希望，是新时代江西的政治担当和时代使命。南昌大学作为江西省唯一的国家"双一流"学科建设高校，作为老区大学，有责任担当起研究老区、服务老区、助力老区高质量发展，推进革命老区与全国同步实现现代化的时代使命。为了实现这个使命，南昌大学搭建了全国首个中国革命老区智慧数据中心，数据涵盖 1389 个老区县（市、旗、区）。建立了以大数据为支撑，持续完善和开发革命老区绿色发展、美丽中国建设与现代化建设的大数据监测和政策评估平台。南昌大学积极推动将教育部人文社科重点研究基地"中国中部经济社会发展研究中心"重组为革命老区现代化研究平台，组织骨干力量编撰了这套《中国革命老区振兴研究全书》（简称《全书》）。

《全书》的"全"首先体现在研究对象是全国所有的革命老区县（市、旗、区），而不在于某一个或某一类的革命老区，这是"全"的第一要义，也是革命老区空间维度的"全"；其二，在于研究包含了革命老区振兴发展的全过程，时间维度上包含了"过去"的扶贫、脱贫，"现在"的脱贫巩固和高质量发展以及"未来"如何实现与全国同步现代化，这是研究时间维度上的"全"；第三，在于研究包含了振兴史的梳理、振兴政策的整理、振兴绩效的评价、高质量发展和同步现代化的规划设计，有历史、有政策、有理论、有案例、有实证，是为研究内容上的"全"。尽管本套丛书力求在以上三个方面尽量"全面"，但"全面"不等于"周全"，本套丛书的本质使命不在于"周全完结"，在于"不全之全"，在于"开始"，在于开启一个全面关注老区、关心老区、关爱老区、研究老区、服务老区的新时代。

我越来越感觉到，这个新的时代已来！

是为序。

刘耀彬

2023 年 10 月 30 日

前　言

　　中国革命老区历史上为新中国成立做出了巨大历史贡献，具有特殊历史地位，是共和国的摇篮。这些区域不仅播撒了革命的火种，还孕育了无数英勇的儿女，为全国解放事业做出了不朽的贡献。振兴老区不仅是对历史的尊重，更是实现全面建设社会主义现代化国家的重要组成部分。本书立足当前国家振兴发展的12个重点连片革命老区，选取2017～2021年这一我国政府大力推进老区发展的关键五年，基于县级、城市级、省域乃至连片老区等多维视角，深刻分析革命老区振兴发展的机遇与挑战，探索其振兴的有效途径与策略。本书旨在提供革命老区振兴的理论指引和实践洞见，为广大读者全方位了解中国革命老区的振兴进程与成果，提供一份翔实的参考资料。

　　从内容结构来看，本书分为三篇，六个章节。第一篇为第一章，是我国革命老区发展的理论部分，介绍我国革命老区发展的源起与历程。给出了老区的概念界定，重点对我国老区的空间范围和区域分布进行概述，对老区发展的时代背景进行梳理。

　　第二章～第四章为第二篇，是东中西部革命老区振兴发展的实证分析。第二章是东部地区革命老区振兴发展。分别对海陆丰革命老区、琼崖革命老区、沂蒙革命老区的发展、基本概况进行介绍，并分省对东部地区革命老区的发展状况进行具体分析，对政府的帮扶政策进行梳理。通过具体数据对东部地区革命老区教育、文化、公共卫生和社会保障的发展进步进行详细阐述，总结了东部地区革命老区发展存在问题，并对其未来的发展前景予以理性展望。第三章是中部地区革命老区振兴发展。分别对山西、河南、安徽、湖北、湖南和江西各省革命老区的区域划分、地理环境、自然资源和历史文化进行概述。利用经济数据深入分析了这些地区的经济表现，并梳理了政府帮扶政策，同时突出了各省革命老区典型的发展成果。此外，本章还详细描述了教育、文化、公共卫生和社会保障等领域的进步情况，总结了中部革命老区的发展特点与面临的挑战,并对其未来发展进行了前瞻性探讨。第四章是西部地区革命老区振兴发展。分别对重庆市革命老区、四川省革命老区、贵州省革命老区、云南省革命老区、陕西省革命老区、甘肃省革命老区、广西壮族自治区革命老区、宁夏回族自治区革命老区的区域划分、行政面积及人口结构进行概括。对陕甘宁革命老区、川陕革命老区、左右江革命老区的溯源进行详细解读。利用经济数据深入分析了这些地区的经济表现,并梳理了政府帮扶政策,同时着重突出了各省革命老区的发展成果。本章亦着重记述了教育、文化、公共卫生及社会保障等方面的持续进步,综合剖析了西部革命老区的发展特征与所面临的挑战,对其发展前景予以客观评估。

第五章和第六章为第三篇,是案例分析。第五章为赣南革命老区案例研究。对赣南革命老区形成背景、行政范围、发展状况进行了概述,对国家及当地政府帮扶政策进行了梳理,并通过数据分析总结了该地区面临的发展难题。在此基础上,提出了针对性的改进建议。第六章是沂蒙革命老区案例研究。对沂蒙革命老区形成背景、行政范围及沂蒙精神进行概述。对国家及当地政府帮扶政策进行了梳理,通过数据分析总结了沂蒙老区面临的发展难题,并基于沂蒙老区未来发展展望提出了建设性意见。

目　录

理　论　篇

实　证　篇

第二节　西部地区革命老区具体发展状况⋯⋯⋯⋯⋯ 115

第三节　西部地区革命老区振兴之路⋯⋯⋯⋯⋯⋯⋯ 143

案 例 篇

第五章　赣南革命老区案例研究 ⋯⋯⋯⋯⋯⋯⋯⋯⋯ 149

　　第一节　赣南革命老区概况⋯⋯⋯⋯⋯⋯⋯⋯⋯⋯ 149

　　第二节　赣南革命老区发展相关支持政策⋯⋯⋯⋯ 151

　　第三节　赣南革命老区发展数据分析⋯⋯⋯⋯⋯⋯ 153

　　第四节　当前赣南苏区发展中存在的问题⋯⋯⋯⋯ 158

　　第五节　推进赣南苏区发展的相关建议⋯⋯⋯⋯⋯ 159

第六章　沂蒙革命老区案例研究 ⋯⋯⋯⋯⋯⋯⋯⋯⋯ 162

　　第一节　沂蒙革命老区概况⋯⋯⋯⋯⋯⋯⋯⋯⋯⋯ 162

　　第二节　沂蒙老区发展相关政策⋯⋯⋯⋯⋯⋯⋯⋯ 164

　　第三节　沂蒙老区发展相关数据分析⋯⋯⋯⋯⋯⋯ 165

　　第四节　沂蒙老区发展中存在的问题⋯⋯⋯⋯⋯⋯ 168

　　第五节　沂蒙老区未来发展展望⋯⋯⋯⋯⋯⋯⋯⋯ 171

　　第六节　沂蒙老区发展相关意见建议⋯⋯⋯⋯⋯⋯ 172

参考文献⋯⋯⋯⋯⋯⋯⋯⋯⋯⋯⋯⋯⋯⋯⋯⋯⋯⋯⋯ 176

后记⋯⋯⋯⋯⋯⋯⋯⋯⋯⋯⋯⋯⋯⋯⋯⋯⋯⋯⋯⋯⋯ 185

理论篇

第一章

我国革命老区发展：历程与时代背景

第一节　革命老区的概念界定

一、革命老区的基本含义

"革命老区"特指中国革命老根据地，是指土地革命战争时期和抗日战争时期，在中国共产党领导下创建的革命根据地①。它分布于全国 28 个省、自治区、直辖市的 1599 个县，老区人口占全国总人口的 55%，老区面积占全国总面积的 33%②。

与"老区"一起被经常提及的还有"苏区""中央苏区"等名称，它们之间存在联系与区别。"苏区"的"苏"指"苏维埃"，俄文为 COBET（英文：Soviet），在俄文中是"代表会议"或"会议"的意思，即十月革命后苏联的基本政治制度。中国共产党第一份党纲《中国共产党纲领（俄文译稿）》明确提出"党承认苏维埃管理制度，要把工人、农民和士兵组织起来，并以社会革命为自己政策的主要目的"③；党的二大后提出建立"苏维埃政权"的思想。

在我国，"苏区"特指第二次国内革命战争时期（土地革命时期）创建

---

① 此处革命老区的定义来源于中国共产党新闻网（http：//cpc. people. com. cn），信息链接：http：//dangshi. people. com. cn/GB/151935/164962/，检索时间：2024 - 02 - 23。
② 中国老区建设促进会主办的中国老区网，http：//www. zhongguolaoqu. com。
③ 引用于《中国共产党纲领（俄文译稿）》，检索信息来源于共产党员网（https：//www. 12371. cn/），信息链接：https：//www. 12371. cn/2012/10/25/ARTI1351154713556305. shtml，检索时间：2024 - 02 - 23。

的革命根据地。"中央苏区"又称中央革命根据地，是土地革命战争时期由毛泽东、朱德等在赣南、闽西革命根据地的基础上领导创建的全国最大的一块革命根据地，是中华苏维埃共和国党、政、军首脑机关所在地，也是全国苏维埃运动的中心区域。江西瑞金是中华苏维埃共和国临时中央政府驻地。中央苏区的主要武装力量红一方面军又称中央红军。1931年11月7日至20日，中华苏维埃第一次全国代表大会在江西瑞金召开，宣告中华苏维埃共和国临时中央政府成立。大会通过了《中华苏维埃共和国宪法大纲》等重要文件。中华苏维埃共和国中央执行委员会第一次会议选举毛泽东为主席。

由"中央苏区"衍生出了"中央苏区县"的概念，指中央苏区当年下辖县份。由于时间较长且历经行政规划变更，很多地方的县乡村建制与辖区，和中华人民共和国成立后的县级行政区划有所不同。目前我国的行政区划就存在部分县当年全部、大部分或部分属于原中央苏区范围的现象。苏区县的划分和认定存在困难。

全国革命老根据地的认定是一个复杂的循序渐进的过程。1953年，民政部对全国革命老根据地进行过初步统计。全国革命老区分布在23个省、自治区、直辖市的782个县，人口1.073亿[1]。为了进一步全面了解掌握老区的情况，1979年6月24日，民政部、财政部经国务院批准，联合下发了《关于免征革命老根据地社队企业工商所得税问题的通知》，对划定革命老根据地的标准明确做出了规定。中共中央党史研究室依照该文件所规定的"革命老根据地"标准，开始认定其包括第二次国内革命战争根据地和抗日根据地。后续认定通常由当地政府相关部门向中共中央党史研究室提交认定材料，中共中央党史研究室随后依照文件规定进行认定。如，中共中央党史研究室认定福建沙县、将乐县为中央苏区范围[2]。类似如广东梅州大埔县，于2009年被认定为全国第二十九个中央苏区县，也是广东省当时唯一被认定的中央苏区县。

2013年7月23日，中央党史研究室正式下发《关于原中央苏区范围认定的有关情况》，确认中央苏区范围县97个，其中江西省49个，福建省49个，广东省11个。这个文件中认定的中央苏区，是对过去分散式认定做了

---

[1] 河北省老区建设促进会网，http://heblch.cn/abc/gywm/101393050346145.html.
[2] 具体可见中史厅函〔2008〕012号关于中共福建省委党史研究室、福建省革命老根据地建设委员会办公室："关于要求确认沙县、将乐县为中央苏区范围的请示"（闽委史〔2008〕5号）的回复。原文可参见《福建党史月刊》3X（2009）：1.

一个较为系统的总结，也对一些新的认定进行确认。显然，这个归纳式的认定有助于避免以往认定方式的零散、单点和多批次。

二、革命老区的空间范围

中国革命根据地和"老区"，需要满足严格的划分标准和筛选条件，并经政府机关认定，并不是一个随意定义和使用的人文地理概念。对应不同概念和认定标准，中国革命根据地的形成覆盖了土地革命战争时间、抗日战争时期和解放战争时期。其间20余年的时间跨度自然形成了较大的空间地域范围。

从行政区划分来看，中国革命老根据地遍布全国28个省份。根据各省、自治区、直辖市的上报材料统计，全国有老区乡镇18995个，涉及1389个县（市、区、旗），占全国总县（市、区、旗）数的65.5%[1]；随着后续认定的逐步扩展，现涉及1599个县（旗、市、区），约占全国区县总数的54.4%[2]。需要强调一点，由于我国在新中国成立前后对地名的变化调整，尤其对行政区域与层级的划分差异，很多地区的归属、名称与范围有较大变化。因此，本书的根据地名称沿用中央党史和文献研究院官网的命名。

我国革命老区分布广泛，既有位于东中部地区的赣闽粤、大别山、湘赣边、海陆丰、琼崖、浙西南、湘鄂西、湘鄂渝黔、沂蒙、太行等革命老区，也有位于西部地区的陕甘宁、左右江、川陕等革命老区。从自然位置来看，老区是沟通连接不同区域的重要通道；从历史人文来看，老区是红色文化的发祥地；从经济地理来看，老区是经济区、经济带、城市圈的腹地。革命老区建设基础良好、潜力巨大，发展前景广阔。

根据革命老根据地的认定方式和认定范围[3]，各革命根据地在不同的时期，存在发展方式、根据地名称、影响范围和革命性质的差异。土地革命战争时期的革命根据地主要有井冈山革命根据地、中央革命根据地、湘鄂西革命根据地、鄂豫皖革命根据地、闽浙赣革命根据地、湘鄂赣革命根据地、左

①　该段统计数据源自中国革命老区数据中心（http：//222.204.6.99：8086/index.html）.
②　此数据来自红色文化网（https：//www.hswh.org.cn/wzzx/llyd/ls/2016-08-25/39662.html）.
③　1979年民政部与财政部联合下发的《关于免征革命老根据地社队企业工商所得税问题的通知》以及2013年中央党史研究室下发的《关于原中央苏区范围认定的有关情况》.

右江革命根据地和滇黔桂边游击区、海陆丰和东江革命根据地、琼崖革命根据地、湘赣革命根据地、通海如泰革命根据地、湘鄂川黔革命根据地、川陕革命根据地、鄂豫陕革命根据地、西北革命根据地、南方三年游击战争根据地和闽东、闽南、闽中革命根据地等。土地革命时期认定的老革命根据地达到17个。

随着革命形势的发展，各地区的革命根据地也在不断发展变化。从土地革命战争时期到抗日战争时期，空间区域的动态调整难以避免。抗日战争14年，尤其在全面抗战的8年间，我党领导建立的根据地，包括各种敌后根据地，既要抵抗日军和日伪，还需与国民党军队的反动势力进行斗争。抗日战争时期的根据地建设总体可分四个阶段：1937年11月下旬至1938年10月下旬，是抗日根据地的初创阶段；1938年10月下旬至1941年3月，是抗日根据地的发展阶段；1941年4月至1942年底，是抗日根据地的退缩和坚持阶段；1943年1月至1945年9月，是抗日根据地的恢复和扩大阶段。其间主要的革命根据地分布有以下地区：陕甘宁抗日根据地、晋察冀抗日根据地、晋冀鲁豫抗日根据地、晋绥抗日根据地、山东抗日根据地、苏北抗日根据地、苏中抗日根据地、苏南抗日根据地、淮北抗日根据地、淮南抗日根据地、皖江抗日根据地、浙东抗日根据地、广东抗日根据地、琼崖抗日根据地、鄂豫皖湘赣抗日根据地、河南抗日根据地、闽浙赣抗日游击区、东北抗日游击区共18个。

解放战争期间的根据地的情况较复杂，部分地区仍在各地党委和党史研究机构的努力认定中。部分省份的省委党史研究室启动了补充确定革命老区专题调研工作。例如，继1999年云南省委、省政府首次批准确定云南省解放战争时期革命老区后，2014年通过对补报地区进行实地调研和申报材料的严格把关，云南省委、省政府批准将东川补充确定为云南省解放战争时期革命老区。类似基于史料和其他相应申报材料的丰富后增加认定的情况较为常见。

纵观整个解放战争期间，革命根据地相比土地革命战争时期和抗日战争时期，具有较大的变化。解放战争初期的革命根据地主要有陕甘宁、山东、苏北、中原、晋冀鲁豫、东北这些区域，在南方还有一些游击区。因为当时国共两党在空间分布的关系，南方的游击区成为后期解放战争革命根据地认定的重要工作内容。1946年全面内战爆发，国民党军队首先进攻中原解放区，虽然全面进攻占领了不少地盘，但是损兵不少，后来改为重点进攻陕北和山东，陕甘边革命根据地发挥了巨大的作用。

第二节　老区发展的时代背景

一、土地革命时期

认定革命老区的若干时间段：第一阶段属于土地革命时期，即第二次国内革命战争时期，时间跨度为 1927 年 8 月至 1937 年 7 月，其战争性质是中国人民在中国共产党领导下反对国民党反动统治的战争。这一阶段革命老区形成的历史背景，反映了中国共产党探索革命的艰辛历程。中国共产党在革命根据地的主要活动是开展打地主、分田地、废除封建剥削和债务，满足农民的土地要求。

1927 年 4 月，蒋介石在上海发动"四一二"反革命政变，以蒋介石为首的国民党反动派已从民族资产阶级右翼完全转变为大地主大资产阶级的代表。蒋介石和他的追随者已从革命统一战线中分裂出去。"四一二"反革命政变是大革命从高潮走向失败的转折点，也是我党革命道路重大变化的选择点。"四一二"反革命政变宣告革命在部分地区遭到重大失败，同时促成了中国共产党走向武装革命夺取中国政权的道路。中国共产党在反革命政变之后，召开的八七会议，纠正了党内以陈独秀为代表的右倾机会主义错误。中国共产党又联合少数国民党左派发动了南昌起义，打响了武装反抗国民党反动派的第一枪。之后，接连发动秋收起义和广州起义，创建红军，开辟农村根据地，进行土地革命，开辟出一条农村包围城市、武装夺取政权的道路。在现实的革命推进中，需要从传统的城市中工人运动转向农村包围城市，迫在眉睫的任务是需要有自己的革命武装和革命根据地，这是当时革命老区形成的重要背景。

革命运动在遭遇"四一二"反革命政变之后暂时转入低潮。随着从城市转入农村，发展和团结的革命运动对象从初期工农联盟中的工人阶级转为农民阶级；革命运动的空间范围也从城市转入农村地区，因此需要建立自己的革命根据地。

土地革命（1927～1937 年）是我党发展进程中的重要转变期，建党思路、斗争方针、革命路径和革命手段等都与前期有所不同。

土地革命是中国共产党在建立和开拓的革命根据地，依靠广大农民群众，开展打地主、分田地、废除封建剥削和债务，满足农民土地要求的革命。以此为核心内容，影响和扩大工农阶级，不断将革命推向深入。1931年春，毛泽东总结土地革命的经验，制定出一条完整的土地革命路线。那就是依靠广大贫农、雇农，联合中农，限制富农，保护中小工商业者，消灭地主阶级，变封建半封建的土地所有制为农民的土地所有制。这条路线是从调查实践中获得的，是真实的农民阶级想法、期盼和现实的结合与平衡，调动了一切反封建的因素，保证了土地革命的胜利。

土地革命战争前半期，革命根据地的创立和发展可分为两个阶段：即从大革命失败到第一批农村革命根据地的创立（1927年8月至1930年夏）；以及革命根据地在红军第三次反"围剿"斗争和党内反对"立三路线"的斗争中巩固和发展（1930年夏至1931年秋）。

土地革命战争后半期，革命根据地的发展、演变可分为三个阶段，分别是从"九一八"事变到中央红军主力长征前（1931年9月至1934年冬）；红军长征时期；及从中央红军长征胜利到全国抗日战争爆发前。

经认定，归属于土地革命战争期间的革命根据地有17个，分别是井冈山革命根据地、中央革命根据地、湘鄂西革命根据地、鄂豫皖革命根据地、闽浙赣革命根据地、湘鄂赣革命根据地、左右江革命根据地和滇黔桂边游击区、海陆丰和东江革命根据地、琼崖革命根据地、湘赣革命根据地、通海如泰革命根据地、湘鄂川黔革命根据地、川陕革命根据地、鄂豫陕革命根据地、西北革命根据地、南方三年游击战争根据地以及覆盖三个区域的闽东、闽南、闽中革命根据地。

二、全面抗战时期

我国抗日战争时间跨度是从1931年9月18日九一八事变到1945年9月2日日本投降。整个抗日战争时期划分为两个阶段，分别是局部抗战（1931年9月18日～1937年7月7日）和全面抗战（1937年7月7日～1945年9月2日）。

1929～1933年，资本主义世界爆发空前严重的经济危机。日本垄断资产阶级建立法西斯政权，推行侵略政策和战争政策，成为掠夺性帝国主义国家。1927年日本在东方会议上确定"征服满蒙"的武装侵略方针，彼时中国内战也为日本侵华提供可乘之机。国际社会对日本侵略中国采取的绥靖政策纵容了日本的逐步侵略。

在我国局部抗战阶段，日本先后侵占辽宁、吉林、黑龙江三省，扶植了伪满洲国傀儡政权，南京国民政府以"攘外必先安内"为借口，采取"不抵抗"政策，东北三省全面沦陷。占据东北三省后，日本把侵略矛头进一步指向华北地区。

1937年7月7日，日军在卢沟桥制造了七七事变，迫不及待地开始全面侵华。中华民族已到最危急的时刻，标志着中国人民全面抗战开端。国民党当局仍幻想同日本谈判，甚至接受日本议定所谓和平解决的办法。1937年8月，日军大举进攻上海，国民党当局已无法维持东南区域，被迫实行抗战。中国共产党中央委员会于卢沟桥事变第二日即向全国发表《为日军进攻卢沟桥通电》："全国上下应该立刻放弃任何与日寇和平苟安的希望与估计""为保卫国土流最后一滴血！全中国同胞，政府与军队，团结起来，筑成民族统一战线的坚固长城，抵抗日寇的侵略！国共两党亲密合作抵抗日寇的新进攻！驱逐日寇出中国①！"

全面抗日战争阶段为1937年7月至1945年9月，中国人民进行的抗日战争是伟大的民族革命战争，也是100多年来中国人民反对外敌入侵的第一次完全胜利。这场战争以国共两党合作为基础，是社会各界、各族人民、各民主党派、抗日团体、社会各阶层爱国人士和海外侨胞广泛参加的全民族抗战，同时也是第二次世界大战的重要组成部分。

在抗日战争的战略防御阶段，正面战场是全国抗战主战场。在战略相持和战略反攻阶段，敌后军民成为全国抗战的主力军，解放区战场成为全国抗战的主战场。抗日战争呈现出内线与外线、有后方与无后方、有固定战线与无固定战线等犬牙交错的战争形态。共产党建立的大量革命根据地在相持和反攻阶段，不仅为抗日战争胜利发挥重要作用，也成为后期解放战争的重要战略根据地。

与土地革命时期的革命根据地发展情况不同，抗日战争时期的革命根据

---

① 以上引文来自中国共产党中央委员会于卢沟桥事变第二日，即7月8日，向全国发表的《中国共产党为日军进攻卢沟桥通电》宣言（1937年7月8日），毛主席在1937年7月23日的《反对日本进攻的方针、办法和前途》文章中也对此进行阐述。该文章收录于《毛泽东选集》（第2卷），人民出版社1991年版。

地的发展，主要是围绕破坏和打击日本侵略者开展敌后战场，以此积极配合抗日战争的正面战场。这一阶段我党领导的根据地得到快速的发展，先后形成了陕甘宁抗日根据地、晋察冀抗日根据地、晋冀鲁豫抗日根据地、晋绥抗日根据地和山东抗日根据地等18个较大规模的根据地。从东北、华北、东南一直到海南，都有我党领导的抗日革命根据地，空间范围相比土地革命时期得到持续扩张。

三、解放战争时期

1945年8月15日，日本宣布无条件投降，中国人民迎来抗日战争胜利，全国人民都向往和平安定的生活。蒋介石为赢得部署内战的时间，制造和平假象，向延安连发三封电报，邀请毛泽东到重庆共商"国际国内各种重要问题"。中共中央提出"和平、民主、团结"三大政治口号，毛泽东接受邀请赴重庆谈判。

1945年10月10日，国共双方代表签订《政府与中共代表会谈纪要》，即"双十协定"。国民党政府接受中共提出的和平建国的基本方针。然而，重庆谈判之后并未实现全国人民期待的和平共处，国民党仍对解放区进行各种侵扰。努力粉碎国民党的进攻，仍是各解放区的中心任务。各解放区抓紧做好练兵、减租、生产等10项工作，以巩固解放区，提高我军战斗力。毛泽东在1946年2月12日中共中央政治局会议上说：美国和蒋介石要以全国军队统一来消灭我们，我们要统一而不被消灭①。国民党统治集团随后撕毁停战协定，于1946年6月26日向中原解放区发动大规模进攻，发动了全面内战。

在美帝国主义的支持下，国民党反动派撕毁停战协定和政协决议，悍然对解放区发动全面进攻。中国共产党领导解放区军民英勇地进行自卫，开始了伟大的人民解放战争。战争分为战略防御、战略反攻、战略决战以及中华人民共和国成立之后的战略追歼阶段。在整个解放战争期间，我党建立的根据地为战争胜利付出了巨大的牺牲，做出了重大的贡献。

从土地革命时期建立的第一个根据地开始，经过全面抗战，再到解放战争时期，我党建立的革命根据地数量和规模都在不断增加和扩大，但大规模集中连片较少。虽然各解放区前期并未连成一片，但全党坚持步调一致，统

---

① 中共中央文献研究室：《毛泽东年谱（1893-1949）》（下卷），中央文献出版社1993年版，第57页。

一行动；具有高度的全局意识、大局意识，自觉服从中央统一领导与统一指挥，做到全党一盘棋，根据地之间尽量保持多种渠道的联系，因而具有强大战斗力、生命力和凝聚力，为最后解放战争彻底胜利创造了条件。

（一）开辟东北解放区

抗日战争全面爆发之前，东北地区已被日本所侵占；日本帝国主义进一步入侵关内，直到"七七事变"触发全面抗日战争，此时东北地区已沦陷多年。随着东北抗日游击战争的发展和抗日斗争逐步由低潮转向高潮，东北各地的抗日游击区和游击根据地也在不断地扩大。1935 年末东北已经形成了大小 8 个抗日游击区，即南满抗日游击区、东满抗日游击区、绥宁抗日游击区、密山和勃利抗日游击区、饶河与虎林抗日游击区等。

抗战后期撤入苏联境内的抗日联军，在决战东北时期先行返回东北，协同苏军对日作战。冀东八路军在山海关与苏联红军会师，随着"东北人民自治军"进入，促成东北各零散根据地"聚点成片"，为解放战争奠定了扎实基础。围绕"全国战略必须确定向北推进、向南防御的方针"，在巩固华北及华中、华东解放区的同时，我党先后抽调了大量部队进入东北，扩大了东北革命根据地。东北革命根据地的扩张，是解放战争时期我党根据地建设的重要推进，为后期人民解放战争从根本上打倒国民党蒋介石集团，发挥了极其重要的奠基作用。

（二）整合鄂陕边解放区

在日本投降后，各地解放区在中国共产党的领导下，采取各种措施修复抗战遗留的战争创伤。工农业生产得到恢复和发展，人民生活有所改善，从而使解放区日趋巩固。中原解放军突围后，在鄂豫陕、鄂西北地区建立了新解放区。鄂西北和陕南等边区地处秦岭以南、巴山以北，汉江和丹江东西向贯穿其中，地域辽阔。我党在这些地区开展工作很早，1928 年刘志丹领导了渭华起义，陕北、陕南和鄂西北等地区就成为我党工作开展的重要根据地，其间历经土地革命和抗日战争，数次建立过红色政权，播下革命的种子。1947 年我中原部队进入，通过军事行动、政治工作和群众运动等手段，在陕西陕阳、山阳、镇安、柞水，河南的淅川一带串联整合革命根据地。由于革命工作的长期开展，这些地区群众基础很好，老百姓对于根据地工作非常支持，这也推动更大范围的根据地串联。

我党围绕鄂陕军事要隘漫川关，打开了鄂西北大门，打通了河峡店和大河口等地关卡。通过军事上的努力与大量的群众工作，我党逐渐在这些地区站稳了脚跟，以黄云铺地区为中心建立了鄂陕边根据地。

鄂陕边根据地的建立，实现了毛主席和中央军委的伟大战略意图，割断了国民党中原战场和陕北战场的联系，对于我军在全国范围内的战略反攻具有极其重要的战略意义。我党以鄂陕边根据地为基础，又逐步建立了商洛、两陕、安康三个地区及其分区政权。加上后期建立的陕南区党委和军区机构，根据地串联后所管辖区域达十几个县。

（三）恢复华中解放区

解放战争开始后，随着华中野战军主力大部北移山东，1946年底苏皖解放区主要城镇已被国民党军侵占。敌军对苏皖解放区实施大规模的"清剿"，实行严厉的保甲制度，同时利用保安团、还乡团恢复其反动统治，使我党前期建立的革命根据地受到很大破坏。

根据中共中央坚持华中敌后斗争的指示精神，华中党政军领导机构北上山东，领导苏中、苏北各级地方武装开展敌后斗争，成立淮北支队，挺进淮北敌后开展斗争。华野主力部队、地方武装和广大民兵在党的领导下，依靠人民群众开展多种形式游击战，顽强坚持原地斗争，在苏中、苏北、淮北等地开辟了敌后战场，有力策应了华东野战军在山东战场的作战。

1947年夏，全国解放战争形势发生显著变化，华东局决定加强对华中地区的统一领导。从1947年10月起，华中土地改革进入了以贯彻执行《中国土地法大纲》为中心的阶段。通过土地改革运动，华中解放区基本上消灭了封建土地所有制，实现了耕者有其田，摧毁了农村的封建势力。土地改革大大激发了广大农民的革命积极性，巩固了人民政权，推动了生产。广大翻身农民踊跃参战、助战，保卫土改成果。在军民兼顾的原则下，解放区以发展农业生产为主，发展农村副业为次，努力改善人民生活。在华中工委统一领导下，各地建立健全制度，加强财经纪律，努力克服财政困难，增收节支，从而保证了战争的需要，并促进了解放区经济的发展，为即将到来的战略决战奠定了物质基础。

第三节 新时代中国革命老区区域分布

中国革命老区范围的界定因时代变迁或口径差异，学界早期在具体数据上有所差异。经过查漏补缺，重新界定有争议县域，1995 年《中国革命老区》一书将全国革命老区县（市、区、旗）确定为 1389 个，广泛分布在全国 28 个省（自治区、直辖市）[①]。2021 年 9 月国务院下发《"十四五"特殊类型地区振兴发展规划》，明确支持 12 个重点连片革命老区振兴发展，包括太行革命老区、浙西南革命老区、大别山革命老区、赣闽粤革命老区、湘赣边革命老区、沂蒙革命老区、湘鄂渝黔革命老区、海陆丰革命老区、左右江革命老区、琼崖革命老区、川陕革命老区、陕甘宁革命老区。12 个重点连片革命老区分布在 21 个省（自治区、直辖市），涉及 593 个县（市、区）。本书基于"十四五"时期国家重点振兴发展的 12 个重点连片革命老区展开。

从区域视角看，12 个重点连片革命老区覆盖东中西部的 21 个省份，涉及东部地区 7 个省份、中部地区 6 个省份和西部地区 8 个省份。东部革命老区包含北京市、河北省、浙江省、福建省、山东省、广东省和海南省 7 个省份，覆盖 141 个县（市、区），辖区内有海陆丰革命老区、琼崖革命老区、浙西南革命老区以及沂蒙革命老区 4 个革命老区，同时也覆盖到部分赣闽粤原中央苏区和太行革命老区两个跨省重点革命老区。中部的山西省、江西省、湖南省、湖北省、安徽省和河南省 6 个省份有 5 个重点连片革命老区，包括大别山革命老区、太行革命老区、湘鄂渝黔革命老区、湘赣边革命老区、赣闽粤革命老区。重点连片革命老区覆盖西部地区的重庆市、四川省、贵州省、云南省、陕西省、甘肃省、广西壮族自治区、宁夏回族自治区 8 个省份的 32 个市（自治州）和 222 个县（市、区、自治县）。辖区内有陕甘宁革命老区、川陕革命老区以及左右江革命老区 3 个革命老区，同时也涉及湘鄂渝黔革命老区一个跨省重点革命老区。

[①] 中国老区建设促进会：《中国革命老区》，中共党史出版社 1997 年版。

实证篇

第二章

东部地区革命老区振兴发展

第一节　东部地区革命老区发展概况

一、东部革命老区辖区介绍

东部革命老区包含北京市（京）、河北省（冀）、浙江省（浙）、福建省（闽）、山东省（鲁）、广东省（粤）、海南省（琼）共 7 个省份，共涉及 141 个县（市、区），辖区内有海陆丰革命老区、琼崖革命老区以及沂蒙革命老区三个革命老区，同时也涉及赣闽粤原中央苏区和太行山革命老区两个跨省重点革命老区。2021 年，东部革命老区行政区域面积为 254473.17 平方公里，户籍总人口有 8239.79 万人，年末总人口为 8065.33 万人，有明显的人口外流现象。2021 年东部革命老区乡村人口在年末总人口中占比高达 77.51%，有 6251.74 万人，而年末单位从业人员仅有 527.37 万人，仅占年末总人口的 6.54%。①

北京市是我国首都、历史文化名城，又是六代王朝的古都，所辖的昌平区、房山区以及门头沟区是一类革命老区。2021 年，北京市革命老区占地面积 4783.7 平方公里，约占全北京市总面积的 29%；得益于北京市作为首都所具有的优越经济发展环境，北京革命老区有着巨大的人口流入，老区户籍人口有 154.71 万人，而年末总人口高达 283.85 万人，其中乡村人口有

<hr>

① 基础数据均来自中国革命老区数据中心，http：//crod2.epsnet.com.cn/index.html#/second_index，下同。

70.73 万人，年末单位从业人员为 7.75 万人。

河北省革命老区分属于抗日战争时期的晋察冀、晋冀鲁豫、冀热辽三个革命根据地。河北省下辖的一类革命老区有 16 个县（市、区），分别是保定市的满城区、阜平县、唐县、涞源县、顺平县、易县、曲阳县；石家庄市的井陉矿区、鹿泉区、井陉区、行唐县、灵寿县、赞皇县、平山县；邯郸市的涉县、武安市。二类革命老区共涉及 9 个县（市、区），分别是保定市的涞水县；邢台市的信都区、沙河市、临城县；张家口市的蔚县、怀来县、涿鹿县；邯郸市的峰峰矿区、磁县。三类革命老区有邢台市的内丘县和石家庄市的元氏县。2014 年国务院扶贫开发领导小组办公室公布的《全国 832 个贫困县名单》[①] 中，东部七省份中仅有河北省和海南省两省在列，而河北省革命老区上榜的县（市、区）最多，河北省的国定贫困县有 45 个，其中有 13 个在河北省革命老区，分别是保定市的阜平县、唐县、涞源县、顺平县、易县、曲阳县、涞水县，石家庄市的行唐县、灵寿县、赞皇县、平山，邢台市的临城县，以及张家口市的蔚县。除了 13 个国定贫困县外，河北省革命老区还包含 2 个省定贫困县，即张家口市的涿鹿县和邢台市的内丘县。2017 年平山县、易县、内丘县 3 个县退出贫困县序列[②]；2018 年行唐县、灵寿县、赞皇县、临城县、涞水县、唐县、曲阳县、顺平县、涿鹿县 9 个县退出贫困县序列[③]；2019 年阜平县、涞源县、蔚县 3 个县退出贫困县序列。至此，河北省实现了 45 个国定贫困县和 17 个省定贫困县全部脱贫摘帽。[④] 2021 年，河北省革命老区占地面积 38098 平方公里，约占全河北省总面积的 20%；老区户籍人口有 1115.69 万人，年末总人口有 1091.84 万人，其中乡村人口有 930.73 万人，年末单位从业人员为 56.41 万人。

浙江省革命老区下辖的一类革命老区有 2 个，分别是温州市的文成县和丽水市的遂昌县。有 12 个县（市、区）属二类革命老区，分别是温州市的苍南县、泰顺县、永嘉县、平阳县；以及丽水市的龙泉市、庆元县、景宁畲族自治县、缙云县、松阳县、云和县、青田县、莲都区。早在 2001 年浙江

---

① 国家乡村振兴局. 全国 832 个贫困县名单 [EB/OL]（2014 - 12 - 23）[2024 - 03 - 23]. https：//nrra. gov. cn/art/2014/12/23/art_343_981. html.

② 中华人民共和国中央人民政府. 河北省 25 个县（市、区）退出贫困县序列 [EB/OL]（2018 - 09 - 30）[2024 - 03 - 23]. https：//www. gov. cn/xinwen/2018 - 09/30/content_5326952. htm.

③ 中华人民共和国中央人民政府. 河北省 21 个县（市、区）退出贫困县序列 [EB/OL]（2019 - 05 - 07）[2024 - 03 - 23]. https：//www. gov. cn/xinwen/2019 - 05/07/content_5389271. htm.

④ 央广网. 河北历史上首次消除区域性整体贫困 62 个贫困县全部摘帽 [EB/OL]（2020 - 04 - 22）[2024 - 03 - 23]. https：//news. cnr. cn/native/city/20200422/t20200422_525063065. shtml.

省委、省政府就明确了扶贫的 25 个欠发达县，2005 年又根据平阳地处革命老区和经济发展滞后的实际，增加了平阳县为欠发达县，在 2005 年省委、省政府印发的《关于推进欠发达地区加快发展的若干意见》（浙委〔2005〕22 号）中正式明确了 26 个欠发达县，浙江省革命老区的 14 个县（市、区）全部在列。① 2015 年鉴于这 26 个原欠发达县经济发展水平已超过全国县域经济发展的平均水平，部分县在经济总量、财政收入等方面甚至已经赶超中西部省区地级市的水平，浙江省政府、省委做出 26 个欠发达县一次性摘帽的重大决策，改名为"26 个加快发展县"②，同时，浙江省也成为全国第一个完成脱贫攻坚任务的省份。2020 年 10 月，浙江省委、省政府将其再次更名为"山区 26 县"，并确定了新阶段山区发展总的目标是，建成诗画浙江大花园最美核心区，形成新发展格局中的新增长极，与全省同步基本实现以人为核心的社会主义现代化。2021 年，浙江省革命老区占地面积 25138 平方公里，约占全浙江省总面积的 24%；老区户籍人口有 626.97 万人，年末总人口有 639.79 万人，其中乡村人口有 479.85 万人，年末单位从业人员为47.13 万人。

福建省革命老区包括土地革命战争时期的中央、闽浙赣、闽东、闽中、闽南革命根据地和抗日战争时期的闽浙抗日根据地，下辖的一类革命老区有16 个，分别是龙岩市的新罗区、永定区、长汀县、上杭县、武平县、连城县、漳平县；南平市的光泽县、武夷山市；漳州市的平和县；泉州市的安溪县、永春县、德化县；以及三明市的宁化县、泰宁县、建宁县。有 14 个县（市、区）属二类革命老区，分别是南平市的建阳区、松溪县、政和县、邵武市；漳州市的云霄县、漳浦县、诏安县、南靖县；泉州市的南安市；以及三明市的三元区、沙县、将乐县、明溪县、清流县。而三类革命老区有 10个，分别为南平的延平区、顺昌县、浦城县、建瓯市；漳州市的芗城区、华安县、龙海县；三明市的大田县、尤溪县、永安县。在福建省 2012 年确立的 23 个省级扶贫开发工作重点县中，福建省革命老区有 16 个县（市、区）在列，分别是龙岩市的长汀县、武平县、连城县，南平市的顺昌县、

①　浙江省发展和改革委员会. 省发展改革委关于省十三届人大六次会议金 33 号建议的答复［EB/OL］（2022 – 11 – 17）［2024 – 03 – 23］. https：//www. zj. gov. cn/art/2022/11/17/art_1229709046_5043787. html.
②　中央政府门户网站. 浙江：26 县摘掉"欠发达"帽子努力蜕变"绿富美"［EB/OL］（2015 – 02 – 28）［2024 – 03 – 23］. https：//www. gov. cn/xinwen/2015 – 02/28/content_2822995. htm.

浦城县、光泽县、松溪县、政和县，漳州市的云霄县、诏安县、平和县，以及三明市的宁化县、泰宁县、明溪县、清流县、建宁县①。2017年泰宁县、光泽县、长汀县3个县退出省级扶贫开发工作重点县②；2018年云霄县、诏安县、平和县、清流县、建宁县、顺昌县、浦城县、松溪县、武平县9个县退出省级扶贫开发工作重点县③；2019年明溪县、宁化县、政和县、连城县4个县退出省级扶贫开发工作重点县，是年，福建省23个省级扶贫开发工作重点县全部摘帽④。2021年，福建省革命老区占地面积87975.26平方公里，约占全福建省总面积的71%；老区户籍人口有1735.94万人，年末总人口有1623.29万人，其中乡村人口有1388.41万人，年末单位从业人员为125.55万人。

山东省革命老区包括抗日战争时期晋冀鲁豫和山东抗日根据地现属山东行政区划部分。山东省革命老区包含18个县（市、区），其中一类老区有4个：临沂市的沂水县、临沭县、兰陵县和莒南县；二类老区有12个：临沂市的河东区、罗庄区、兰山区、沂南县、郯城县、蒙阴县、费县、平邑县，潍坊市的临朐县，济宁市的泗水县，以及日照市的莒县、五莲县；三类老区有2个：淄博市的沂源县和泰安市的新泰市。山东省的52个省财政困难县（市、区）⑤中，有13个县（市、区）属山东省革命老区，分别是临沂市的沂水县、临沭县、兰陵县、莒南县、沂南县、郯城县、蒙阴县、费县、平邑县，潍坊市的临朐县，济宁市的泗水县，以及日照市的莒县、五莲县；而20个脱贫任务比较重的县（市、区）名单中，山东省革命老区占了6个，临沂市的沂水县、兰陵县、莒南县、沂南县、费县、平邑县在列⑥。2018年山东省基本完成脱贫攻坚任务。此后，山东坚持把防止返贫和新致贫摆在重要位置，持续提升脱贫质量，巩固脱贫攻坚成果。2021年，山东省革命老区占地面积27029平方公里，约占全山东省总面积的17%；老区户籍人口

① 数据来自 https：//www. sohu. com/a/285445186_120078003.
② 信息来自 https：//fjnews. fjsen. com/2018－12/19/content_21797506. htm.
③ 古田县人民政府. 中共福建省委办公厅 福建省人民政府办公厅关于云霄等12个县退出省级扶贫开发工作重点县的公告. ［EB/OL］（2019－06－28）［2024－03－23］. http：//www. gutian. gov. cn/ztzl/fpkf/202101/t20210113_1425841. htm.
④ 国家乡村振兴局. 【福建】最后6个县退出省级扶贫开发工作重点县 全省23个重点县全部"摘帽"［EB/OL］（2015－02－28）［2024－03－23］. https：//nrra. gov. cn/art/2020/4/30/art_5_120783. html.
⑤ https：//www. jiaodong. net/edu/system/2014/11/26/012502520. shtml.
⑥ https：//zhidao. baidu. com/question/434479059254546372. html.

有 1647.00 万人，年末总人口有 1609.03 万人，其中乡村人口有 1301.70 万人，年末单位从业人员为 99.79 万人。

广东省革命老区包括土地革命战争时期的海陆丰根据地、东江根据地和抗日战争时期的广东抗日根据地。下辖 6 个一类革命老区：揭阳市的普宁市、揭西县；汕尾市的陆丰市、城区、陆河县、海丰县。有 12 个县（市、区）属二类革命老区，分别是：揭阳市的惠来县；惠州市的惠东县；韶关市的南雄市；梅州市的五华县、丰顺县、大埔县、梅县区、梅江区；河源市的和平县、龙川县、紫金县；以及潮州市的饶平县。三类革命老区有 8 个：惠州市的惠阳区、惠城区；梅州市的兴宁市、蕉岭县、平远县；河源市的连平县；汕头市的潮南区、潮阳区。2021 年，广东省革命老区占地面积 46986.58 平方公里，约占全广东省总面积的 26%；老区户籍人口有 2343.31 万人，年末总人口有 2246.81 万人，其中乡村人口有 1656.77 万人，年末单位从业人员为 133.21 万人。

海南省革命老区就是土地革命战争时期和抗日战争时期的琼崖根据地。海南省革命老区包含 13 个县（市、区），其中一类老区有屯昌县、澄迈县、白沙黎族自治县、陵水黎族自治县、儋州市、万宁市、文昌市、琼海市、东方市 9 个省（直辖县、市），二类老区有 3 个，分别是定安县、临高县和琼中黎族苗族自治县。三类革命老区有 1 个，即海口市的琼山区。海南省革命老区上榜的国定贫困县有 3 个，分别是临高县、白沙黎族自治县和琼中黎族苗族自治县。2018 年琼中黎族苗族自治县摘帽；2019 年临高县、白沙黎族自治县摘帽，是年，海南省 3 个国定贫困县全部脱贫摘帽。2021 年，海南省革命老区占地面积 24462.63 平方公里，约占全海南省总面积的 69%；老区户籍人口有 616.16 万人，年末总人口有 570.71 万人，其中乡村人口有 423.55 万人，年末单位从业人员为 57.53 万人。

以年末总人口数与当年户籍人口数的差在当年户籍人口数中的占比来衡量人口流动程度。表 2-1 为 2017~2021 年东部七省份革命老区的人口流动率。可以看出，北京市始终是人口流入大省份，2017~2020 年人口流动率都在 100% 以上，并呈上升趋势，2021 年受新冠疫情影响，经济形势受挫，流入的外来人口较为减少，不过仍达到 83.48%。而福建省和海南省都是东部七省份革命老区中人口流出较多的省份，大致人口流出率都在 10% 以上。河北省和山东省虽然也有些许人口流出，但可以算是东部七省份革命老区中人口流动较少的省份。

表2-1　　　　　2017~2021年东部七省份革命老区人口流动率　　　单位:%

年份	北京市	河北省	浙江省	福建省	山东省	广东省	海南省
2017	109.72	-0.29	-17.95	-11.41	-0.02	-3.53	-10.06
2018	111.45	-0.12	0.04	-12.03	0.00	-2.94	-10.41
2019	115.82	-0.07	5.98	-11.43	0.00	-3.70	-10.13
2020	125.30	-3.36	0.00	-12.88	-1.05	-4.85	-11.95
2021	83.48	-2.14	2.04	-6.49	-2.31	-4.12	-7.38

资料来源：根据中国革命老区大数据平台计算得到。

　　表2-2展示了2017~2021年东部七省份革命老区乡村人口在年末总人口中的占比（以下简称"乡村人口占比"）。在东部七省份革命老区中，北京市革命老区的乡村人口占比最低，位于第一梯队，这是由于北京市独特的经济发展优势和不菲的发展成本，使得附加值更高的产业留在了北京市，而附加值较低的农业就自然而然地慢慢退出北京市，转移到了北京市的周边省份（如河北省）以寻求更多剩余价值，周边省份就成为北京市的"菜篮子"，因此北京市革命老区乡村人口占比的减少一定程度上也为河北省革命老区乡村人口占比的增加"添砖加瓦"了。广东省革命老区是除了首都北京市外，乡村人口占比最少的省份，但占比也在70%以上，它和海南省、浙江省以及山东省位于第二梯队。河北省和福建省2017~2021年的乡村人口占比都始终在80%以上，位于第三梯队，其中，2020年福建省的乡村人口占比一度突破90%。

表2-2　　　　　2017~2021年东部七省份革命老区乡村人口占比　　　单位:%

年份	北京市	河北省	浙江省	福建省	山东省	广东省	海南省
2017	20.34	85.59	80.13	89.39	78.49	72.58	78.34
2018	19.16	81.91	69.85	88.63	76.58	72.21	77.62
2019	18.30	82.33	70.14	89.21	76.48	72.23	76.64
2020	18.49	86.77	75.83	90.99	77.22	73.37	77.87
2021	24.92	85.24	75.00	85.53	80.90	73.74	74.21

资料来源：根据中国革命老区大数据平台计算得到。

　　表2-3展示了2017~2021年东部七省份革命老区年末单位从业人员在年末总人口中的占比（以下简称"年末单位从业人员占比"）。在东部七省份

革命老区中，海南省是年末单位从业人员占比最高的省份，2017～2021年占比始终在10%以上，就业在东部七省份中最为稳定，位于第一梯队；福建省、浙江省、山东省、广东省以及河北省位于第二梯队；北京市的占比始终最低，相对于其他六省份，大部分人口就业更具有灵活性，位于第三梯队。

表2-3　　2017～2021年东部七省份革命老区年末单位从业人员占比　　单位：%

年份	北京市	河北省	浙江省	福建省	山东省	广东省	海南省
2017	2.52	5.59	8.71	8.49	6.06	6.18	10.44
2018	2.48	5.38	7.25	8.33	6.00	6.21	10.39
2019	2.56	5.33	7.19	8.35	5.93	6.43	10.21
2020	2.31	4.98	7.57	8.44	5.97	5.71	10.44
2021	2.73	5.17	7.37	7.73	6.20	5.93	10.08

资料来源：根据中国革命老区大数据平台计算得到。

二、东部主要革命老区分片区介绍

（一）海陆丰革命老区

海陆丰革命老区的建立可以溯源到土地革命战争时期的海陆丰革命根据地。海陆丰革命根据地，创建于1927年4月至1928年4月。1927年11月，陆丰、海丰全县工农兵代表大会召开，宣告两县苏维埃政府成立，这标志着中国第一个苏维埃政权确立，同时这也是中国第一个县级苏维埃政权。

海陆丰有着悠久的革命历史，1922年，出身于富庶的工商业地主家庭的彭湃就开始在这里开展农民运动，1922年7月，成立海丰县赤山约第一个秘密农会。1923年1月成立了海丰县总农会，建立了农民自卫军。此后，彭湃又先后到陆丰、惠阳、澄县等地开展农民运动。彭湃于1924～1925年间陆续写成了《海丰农民运动报告》（1926年10月，广东省农民协会将本书更名为《海丰农民运动》），他所领导的海陆丰农民运动，是建党初期范围最广、影响最大的一次农民运动。大革命失败后，彭湃赴南昌参与领导南昌起义，在党的八七会议当选政治局委员，后兼任中共中央南方局委员。1927年10月，彭湃返抵广东。11月，海陆丰再次爆发武装起义，海丰县、陆丰县相继建立了苏维埃政权。苏维埃政府的成立，标志着海陆丰革命根据地的正式形成。1928年春，彭湃率领工农革命军将以海陆丰为中心的革命根据地扩大到东江南部地区。

海陆丰革命根据地地域范围包括海丰县、陆丰县（1988年划分为陆丰县和陆河县）以及惠阳县、紫金县的部分地区；后期还包括与海丰、陆丰毗邻的普宁、潮阳、惠来、五华等县的一小部分地区。它位于广东东部沿海，处于东江和韩江之间，山地、丘陵、平原交错。东接汕头市；西连惠州市；南部面临浩瀚的南海，海岸线长达370公里，多属滨海平原台地；中部连绵的莲花山脉千米以上的山峰有10余座。海陆丰革命根据地面积约6000平方公里。海陆丰革命根据地创立之后，海丰全县、陆丰除一个乡之外，均在苏维埃政权管辖之下，共有人口70余万人。

现在的海陆丰革命老区建立在海陆丰革命根据地的基础上，涉及13个县（市、区），其中，一类革命老区有6个，分别是汕尾市的陆丰市、城区、陆河县、海丰县；以及揭阳市的普宁市、揭西县。二类革命老区有河源市的紫金县、惠州市的惠东县以及揭阳市的惠来县共3个。三类革命老区有4个，分别是汕头市的潮南区、潮阳区；以及惠州市的惠阳区、惠城区。2021年，海陆丰革命老区行政区域土地面积为19382.58平方公里，户籍人口为1456.72万人，年末总人口为1392.12万人，其中，乡村人口为1008.99万人，年末单位从业人员为97.87万人。

（二）琼崖革命老区

琼崖革命老区的建立可以追溯到土地革命战争时期的琼崖革命根据地。琼崖革命根据地是中国共产党唯一一个在海岛上创建的根据地，创造了武装斗争"二十三年红旗不倒"的光辉历史，书写了"孤岛不孤"的革命奇迹。

海南人民具有光荣的革命传统，为琼崖革命根据地的建立提供了群众基础。大革命期间，琼崖各县成立农民协会，广泛开展了抗租抗税和惩办恶霸的斗争，党组织得以扎根发展。1926年6月，中共琼崖第一次代表大会在海口召开，大会产生了党在琼崖的领导机关。大革命失败后，1927年9月，根据中共中央关于发动秋收起义的号召，琼崖特委发动琼崖起义，琼崖革命掀起第一次革命高潮。同年11月，琼崖特委在乐四区召开会议，确立了建设农村根据地的方针。同年12月，工农革命军攻占陵水县城，海南第一个红色政权——陵水县苏维埃政府成立。至1928年春，以乐四区为中心的琼崖革命根据地基本形成。琼崖革命根据地在土地革命时期不断克服困难，发展为中国大陆最南端的重要红色阵地。

琼崖革命老区建立在琼崖革命根据地的基础之上，涉及 13 个县（市、区），一类老区有屯昌县、澄迈县、白沙黎族自治县、陵水黎族自治县、儋州市、万宁市、文昌市、琼海市、东方市共 9 个省（直辖县、市）；二类老区有定安县、临高县和琼中黎族苗族自治县这 3 个；三类革命老区有 1 个，即海口市的琼山区。2021 年，琼崖革命老区占地面积 24462.63 平方公里，户籍人口有 616.16 万人，年末总人口有 570.71 万人，其中乡村人口有 423.55 万人，年末单位从业人员为 57.53 万人。

在 2014 年国务院扶贫开发领导小组办公室公布的《全国 832 个贫困县名单》中，海南省有 5 个县市入榜，其中，琼崖革命老区占了 3 个，分别是临高县、白沙黎族自治县和琼中黎族苗族自治县。在这 3 个县当中，琼中黎族苗族自治县率先于 2019 年实现"脱贫摘帽"。而白沙黎族自治县，由于地处海南中部生态核心区，基础设施薄弱、发展条件受限，2017 年 12 月被列为海南省唯一的深度贫困县。但是在各方的努力下，终于和临高县一起在 2020 年初退出了贫困县序列。

（三）沂蒙革命老区

沂蒙革命老区的形成可以追溯到抗日战争时期的山东革命根据地。抗日战争和解放战争时期，中国共产党先后在沂蒙创建了滨海、鲁中、鲁南革命根据地。这里既是八路军一一五师司令部所在地，也是山东省政府的诞生地，被誉为"山东的小延安"，有"两战圣地、红色沂蒙"之称。

沂蒙是山东较早建立党组织的地区之一。1927 年春，沂蒙地区第一个共产党组织——中共沂水支部诞生。此后，许多党的地方组织相继成立。1937 年全民族抗战爆发后，山东作为联结华北和华中的纽带，与晋察冀和晋冀豫根据地成鼎足之势，对坚持敌后抗战，具有重大的战略意义。沂蒙地区的中共党组织放手发动群众，举行人民武装起义，打击日伪，初步创建了滨海抗日根据地和鲁中抗日根据地。1938 年 11 月，毛泽东在党的六届六中全会上做出"派兵去山东"的战略决策。同年 12 月，第一一五师第六八五团奉命出发率先奔赴山东。随后，第一一五师代师长陈光、政治委员罗荣桓率领师部、直属队及第六八六团，以东进纵队的名义挺进山东。第一一五师挺进山东的过程可分为两个阶段。第一阶段是 1938 年 9 月至 1939 年 8 月，第一一五师分别抵达冀鲁边、湖西、鲁西南、泰西等地区，创建新的抗日根据地。第二阶段是 1939 年 8 月至 1939 年底，第一一五师挺进鲁南地区，创建鲁南抗日根据地。第一一五师主力部队挺进山东后，在地方党政军民的配合下，在冀鲁边、湖西、泰西、鲁南积极开展游击战争，创建和发展了抗日根据地，并与华中、湖西、鲁中、滨海根据地建立了联系通道，从而大大增强了抗日力量，打开了山东抗战的新局面，为山东抗战做出了卓越贡献。

沂蒙革命老区，主要是指以沂蒙山区为中心、包括毗邻部分地带的山东省东南部地区，涉及临沂市、潍坊市、淄博市、济宁市、泰安市和日照市所辖的 18 个县（市、区），包含 4 个一类老区：临沂市的沂水县、临沭县、兰陵县和莒南县；12 个二类老区：临沂市的河东区、罗庄区、兰山区、沂南县、郯城县、蒙阴县、费县、平邑县，潍坊市的临朐县，济宁市的泗水县，以及日照市的莒县、五莲县；2 个三类老区：淄博市的沂源县和泰安市的新泰市。2021 年，沂蒙革命老区行政区域土地面积为 27029 平方公里，户籍人口有 1647.00 万人，年末总人口有 1609.03 万人，其中乡村人口有 1301.70 万人，年末单位从业人员有 99.79 万人。

第二节　东部地区革命老区具体发展状况

一、经济发展

（一）GDP 与人均 GDP

依赖于东部率先的改革开放与经济腾飞，东部地区革命老区属于老区中发展较好的地区。从整体上来看，2017 年和 2021 年东部地区革命老区的地区生产总值分别为 35379.57 亿元和 37904.23 亿元，分别占我国国内生产总值的 4.25% 和 3.33%，虽然 2019 年底开始受到新冠疫情的冲击，但是东部地区革命老区的经济建设仍是取得了一定的成果。图 2-1 为 2017～2021 年东部地区革命老区地区生产总值。从图中可以看出，2017～2020 年东部地区革命老区 GDP 一直呈上升趋势，2020 年达到最高（39859.47 亿元），而到 2021 年发生大幅下降，比上年下降 4.91%，但这 5 年整体还是呈上升态势，年均增长率为 1.78%。

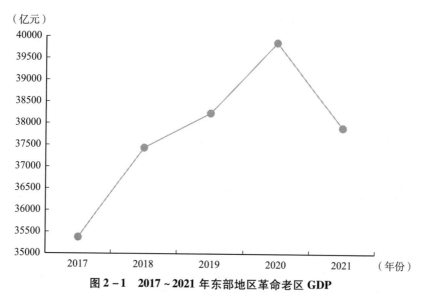

图 2 - 1 2017～2021 年东部地区革命老区 GDP

资料来源：根据中国革命老区大数据平台计算得到。

再将目光投至东部地区革命老区的各个省份，表 2 - 4 为 2017～2021 年东部七省份革命老区的 GDP 情况。可以看出，福建省的 GDP 遥遥领先于其他六省份，早在 2017 年就已经突破了 1 万亿元大关，并且此后一直呈增长态势，是东部七省份中唯一一个突破 1 万亿元大关的省份，位于东部七省份的第一梯队。福建省 2017 年的 GDP 为 10603.08 亿元人民币，至 2021 年福建省的 GDP 增长至 14062.11 亿元，是 2013 年的 1.3 倍。同时，福建省也是东部七省份中 2017～2021 年 GDP 增长速度最快的省份，年均增长率高达 8.16%。广东省和山东省的 GDP 始终在东部七省份中居于第二、第三的位置，2017～2021 年的 GDP 始终位于 5000 亿元之上，位于东部七省份的第二梯队。河北省、浙江省、海南省以及北京市的排名也很固定，分别位列第四、第五、第六、第七，位于第三梯队，与其他三省份的差距较大，尤其是北京市，由于北京市革命老区的区域面积相对来说比较小，因此在 GDP 这一指标的对比中处于弱势。从 2017～2021 年东部七省份革命老区 GDP 的年均增长率来看（见图 2 - 2），福建省的年均增长率最高，达 8.16%，海南省、浙江省和河北省的年均增长率也为正，分别为 5.63%、4.28% 和 1.71%。而北京市虽然位于第一梯队，但是受 2021 年 GDP 大幅下降影响，年均增长率在东部七省份中最低，低至 -11.65%。同样，山东省和广东省虽然位于第二梯队，但年均增长率也为负，分别为 -2.42% 和 -2.50%。总体来看,东部七省份 GDP 的发展同东部地区的整体态势还是有较大差别的。

表 2-4　　　　东部七省份革命老区 2017~2021 年 GDP 情况　　　单位:亿元

年份	北京市	河北省	浙江省	福建省	山东省	广东省	海南省
2017	1695.75	3938.79	2739.82	10603.08	6471.83	7666.75	2263.56
2018	1851.87	3885.62	3027.90	11700.32	7010.16	7535.59	2424.46
2019	2131.98	3698.70	2993.65	13482.38	5366.45	7915.11	2644.38
2020	2158.36	3788.71	3131.17	13760.97	5532.58	8764.64	2723.04
2021	905.59	4208.31	3209.00	14062.11	5844.50	6901.51	2773.20

资料来源:中国革命老区大数据平台。

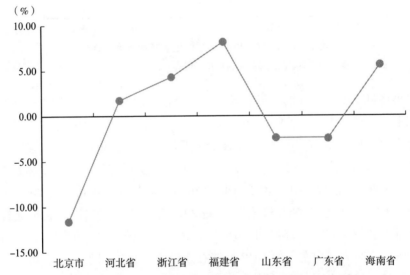

图 2-2　2017~2021 年东部七省份革命老区 GDP 年均增长率

资料来源:根据中国革命老区大数据平台计算得到。

相对于 GDP,人均 GDP 能够更好地反映当地经济的总体状况。表 2-5 展示了 2017~2021 年东部七省份革命老区的人均 GDP 情况。可以看出,人均 GDP 的排名不似 GDP 那么稳定,尤其是排名靠后的几个省份排名变动较大。2017~2020 年,北京市的人均 GDP 始终遥遥领先于其余六省份,位于第一梯队,早在 2017 年就已经突破了 10 万大关,但 2021 年由于 GDP 的陡降,导致人均 GDP 降至 5.85 万元,跌至东部第二。而福建省、浙江省和海南省位于第二梯队,这三省份的人均 GDP 在这 5 年里始终稳定增长着,其中，福建省和浙江省在2021年也分别突破了8万元和5万元大关。相比之下，河北省、山东省、广东省的排名变动较大，位于第三梯队，总的来说，广东省的人均GDP稍微落后。图2-3展示了2017~2021年东部七省份革命老区人均GDP的年均增长率，可以看出，各省份人均GDP的年均增长率的整体趋势与各省份GDP的年均增长率一致。2017~2021年年均增长率最高的依然是福建省，高达8.29%，其次是浙江省（6.22%）和海南省（5.45%），河北省（0.52%）也实现了正增长。相反，经济较为领先的北京市由于2021年的陡降，年均增长率最低，低至-10.44%。此外，山东省和广东省也同样是呈负增长，分别为-1.88%和-2.13%。

表2-5　　　　　　2017~2021年东部七省份革命老区人均GDP情况　　　单位：万元

年份	北京市	河北省	浙江省	福建省	山东省	广东省	海南省
2017	10.05	3.70	4.10	6.08	3.84	3.22	3.70
2018	10.80	3.49	4.52	6.63	4.13	3.18	3.92
2019	12.22	3.31	4.73	7.68	3.12	3.35	4.24
2020	12.23	3.40	4.95	7.85	3.21	3.72	4.37
2021	5.85	3.77	5.12	8.10	3.55	2.95	4.50

资料来源：中国革命老区大数据平台。

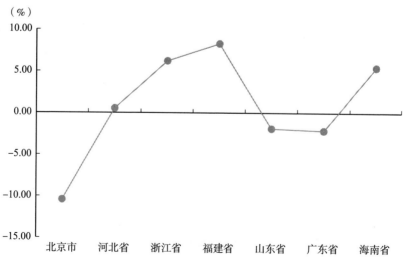

图2-3　2017~2021年东部七省份革命老区人均GDP年均增长率

资料来源：根据中国革命老区大数据平台计算得到。

（二）第一、第二、第三产业增加值及占比

从整体上来看，2017～2021 年东部地区革命老区的三次产业增加值总体都呈上升趋势。图 2－4 和图 2－5 分别展示了 2017～2021 年东部地区革命老区三次产业增加值及其在东部地区革命老区 GDP 中的占比。可以看出，第一产业增加值呈稳步上升趋势，虽然始终远远落后于第二和第三产业，但其年均增长率最高，达 5.59%。此外，第一产业增加值在东部地区革命老区 GDP 中的占比也较平稳，2021 年达到最大占比 12.64%。从 2018 年开始，第三产业增加值开始超越第二产业，位居第一，并在 2020 年达到最大值 18854.27 亿元，同时，第三产业增加值在东部地区革命老区 GDP 中的占比变化情况也与此类似，新冠疫情的出现也无疑为第三产业增加值占比的提高出了一份 "力"。这 5 年内，第二产业增加值的变动较为平缓，年均增长率最低，为 0.03%，而第二产业增加值在东部地区革命老区 GDP 中的占比呈现出的却是与第三产业完全相反、近乎对称的状态，由 2017 年的 45.86% 降至 2020 年的 40.99% 后又升至 2021 年的 42.69%，虽然总体上来看第二产业增加值在 GDP 中的占比呈现出一个下降趋势，但是能够看出后面还是有再次超越第三产业的可能。

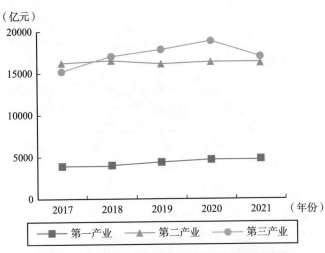

图 2－4　东部地区革命老区历年三次产业增加值

资料来源：根据中国革命老区大数据平台计算得到。

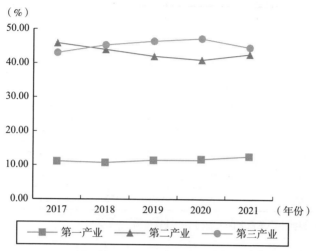

图 2 - 5 东部地区革命老区历年三次产业增加值在其 GDP 中的占比

资料来源：根据中国革命老区大数据平台计算得到。

再深入对各省份进行分析。表 2 - 6 展示了 2017 年东部七省份三次产业增加值及其在 GDP 中的占比。可以看出，2017 年，三次产业增加值最高者都是福建省，这也与福建省的 GDP 遥遥领先于其他六省份相符。同时，2017 年，福建省也是东部地区革命老区中第二产业增加值在其 GDP 中占比最高的省份，占比高达 49.70%，这表明 2017 年福建省的 GDP 近乎一半都是第二产业贡献的。然而，福建省第三产业增加值占比在东部七省份中却是最低的，不到 40%。海南省是 2017 年第一产业增加值占比最高的省份，达 32.35%，这主要与海南省地处热带，四面环海，有着优越的农业作业条件有关；而海南省第二产业的增加值占比则在东部七省份中居于末位，仅为 25.23%，是海南省三次产业中占比最低的产业。浙江省的第三产业占比则尤为突出，在东部地区革命老区中位列第一，占比高达 54.24%，也就是说浙江省的 GDP 大部分都是由第三产业贡献的，信息化行业发展最为繁荣。北京市的第三产业占比仅次于浙江省，占比高达 51.93%，同时，第一产业的占比也是东部七省份中最低的，仅占 1.30%，这主要是受北京首都地位的影响。

表 2-6   2017 年东部七省份革命老区三次产业增加值与占比

省份	第一产业 （亿元）	第二产业 （亿元）	第三产业 （亿元）	第一产业 占比（%）	第二产业 占比（%）	第三产业 占比（%）
北京市	21.99	793.12	880.64	1.30	46.77	51.93
河北省	379.34	1868.29	1691.16	9.63	47.43	42.94
浙江省	182.47	1071.18	1486.17	6.66	39.10	54.24
福建省	1312.03	5269.37	4021.72	12.37	49.70	37.93
山东省	601.56	2886.28	2983.99	9.30	44.60	46.11
广东省	702.11	3766.29	3198.35	9.16	49.12	41.72
海南省	732.09	571.03	959.91	32.35	25.23	42.42

资料来源：根据中国革命老区大数据平台计算得到。

表 2-7 展示了 2021 年东部七省份三次产业增加值及其在 GDP 中的占比。可以看出，相较于前面的 2017 年、2021 年，福建省仍是三次产业增加值最高者，同时福建省第三产业增加值占比在东部七省份中仍是最低的，但已经超过了 40%。然而，2021 年，北京市超越了福建省成为东部地区革命老区中第二产业增加值在其 GDP 中占比最高的省份，占比高达 56.24%，较 2017 年近乎增长了 10 个百分点；然而，北京市第三产业增加值却下降了近乎 10 个百分点，由东部第二的 51.93% 降至 41.46%，仅高于福建省的 40.07%；同时，北京市第一产业的占比仍是东部七省份中最低的，不过较 2017 年上升了 10 个百分点，为 2.30%。海南省仍是第一产业增加值占比最高的省份；第二产业的增加值占比也仍在东部七省份中居于末位，也仍是海南省三次产业中占比最低的产业。浙江省的第三产业占比仍在东部地区革命老区中位列第一。

表 2-7   2021 年东部七省份革命老区三次产业增加值与占比

省份	第一产业 （亿元）	第二产业 （亿元）	第三产业 （亿元）	第一产业 占比（%）	第二产业 占比（%）	第三产业 占比（%）
北京市	20.77	507.84	374.31	2.30	56.24	41.46
河北省	517.66	1736.33	1944.72	12.33	41.35	46.32
浙江省	196.08	1348.88	1780.40	5.90	40.56	53.54

续表

省份	第一产业（亿元）	第二产业（亿元）	第三产业（亿元）	第一产业占比（%）	第二产业占比（%）	第三产业占比（%）
福建省	1526.44	6895.67	5630.53	10.86	49.07	40.07
山东省	747.75	2385.98	2735.96	12.74	40.65	46.61
广东省	928.69	2769.46	3254.61	13.36	39.83	46.81
海南省	873.69	599.47	1274.20	31.80	21.82	46.38

资料来源：根据中国革命老区大数据平台计算得到。

（三）城乡居民人均可支配收入

图2-6展示了2017～2021年东部七省份革命老区的城镇居民人均可支配收入。可以看出，2017～2020年东部七省份城镇居民人均可支配收入的排名都非常稳定，并且都呈持续上升趋势。在东部七省份中位于第一梯队的是北京市和浙江省，北京市始终位列第一，在2019年就已经突破了5万元，也是2017～2021年东部七省份中唯一突破5万元大关的省份，在2020年达到5.48万元；浙江省是除了北京市之外，唯一突破4万元大关的省份。福建省和山东省的城镇居民人均可支配收入比较接近，并且都超过了3万元，位于第二梯队。海南省、河北省和广东省位于第三梯队，但是其城镇居民人均可支配收入都在2万元之上，其中海南省与河北省的城镇居民人均可支配收入相差不大，并都在2020年跨过了3万元之槛，而广东省则相对落后一些，与其他六省份的差距较大。而到了2021年，东部七省份的城镇居民人均可支配收入都较2020年发生了大幅下降，其中，北京市降幅最大，降幅高至53.25%，由原先的东部第一降至第五；海南省的降幅仅次于北京市，年增长率低至-33.70%，排名降至末位；而山东省的降幅最小，年增长率仅为-8.70%，排名跃居东部第二。总体来看，2017～2021年，东部七省份中只有山东省和河北省的城镇居民人均可支配收入实现了正增长，年增长率分别为2.45%和1.35%。而其他五省份的城镇居民人均可支配收入都呈负增长，其中北京市的年均增长率最低，低至-10.82%。

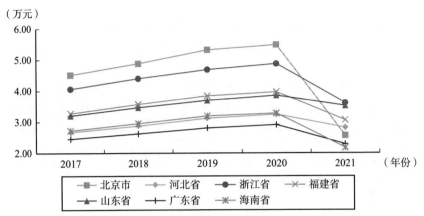

图 2 – 6　2017～2021 年东部七省份革命老区城镇居民人均可支配收入
资料来源：根据中国革命老区大数据平台计算得到。

　　2017～2021 年东部七省份革命老区农村居民人均可支配收入情况如图 2 –7 所示。可以看出，2017～2021 年，除北京市外，其余六省份的农村居民人均可支配收入变化情况，都与其城镇居民人均可支配收入的变化情况一致，都从 2017 年增长到 2020 年，然后再下降，不同的是排名略有差别。而北京市则近乎持续下跌，这 5 年内的年均增长率低至 – 11. 19%，2017 年农村居民人均可支配收入为 2. 33 万元，是东部七省份中唯一超过 2 万元的省市，在东部七省份中位列第一；2018 年降至 2. 10 万元，略高于第二名的

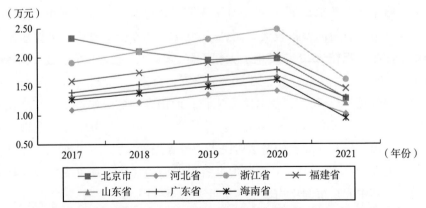

图 2 – 7　2017～2021 年东部七省份革命老区农村居民人均可支配收入
资料来源：根据中国革命老区大数据平台计算得到。

浙江省；2019 年进一步下降，降至 1.95 万元；2020 年虽略有上升，但仍是被福建省反超；2021 年则面临大跌，跌至 1.29 万元，再次被广东省反超，降至东部第四。从年均增长率来看，东部七省份革命老区的农村居民人均可支配收入都呈负增长，其中年均增长率最低的仍然是北京市，低至 −11.19%，而降幅最小的是河北省，年均增长率为 −1.52%。

对比图 2−6 和图 2−7，可以明显发现东部七省份革命老区的城镇居民人均可支配收入显著地高于农村居民人均可支配收入。图 2−8 进一步展示了 2017~2021 年东部七省份革命老区城乡居民人均可支配收入差（即城镇居民人均可支配收入与农村居民人均可支配收入之差）。可以看出，在 2017~2020 年北京市的城乡居民人均可支配收入差始终居于最高位，并呈上升趋势，与其余六省份的差距也越来越大，在 2020 年城乡居民人均可支配收入差达到最大，高达 3.50 万元，是同年城乡居民人均可支配收入差最低的广东省（1.13 万元）的 3.1 倍，而 2021 年又陡降至 1.27 万元，位列倒数第三，因此北京市也是东部七省份中城乡居民人均可支配收入差波动最大的省市，这 5 年的年均增长率也是最低的，低至 −10.43%。这 5 年内波动最小的省份是福建省，年均增长率为 −1.31%。山东省和河北省是东部七省份中为数不多的在 2021 年城乡居民人均可支配收入差没有下降的省份，因此也是这 5 年内仅有的两个城乡居民人均可支配收入差距增大的省份，年均增长率分别为 5.72% 和 3.35%。

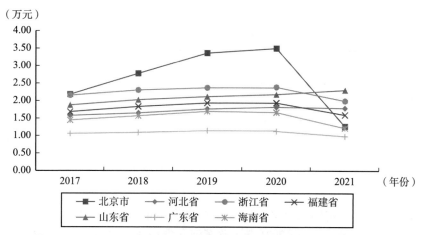

图 2−8 2017~2021 年东部七省份革命老区城乡居民人均可支配收入差
资料来源：根据中国革命老区大数据平台计算得到。

（四）地方财政一般预算收支

首先从整体上来看，如图2-9所示，2017～2021年东部地区革命老区的地方财政一般预算收入呈现出"先降后升再降"的发展态势，在2019年达最大值（2318.28亿元），受疫情影响总体呈下降趋势，由2017年的2185.13亿元降至2021年的2085.73亿元。图2-10为2017～2021年东部地区革命老区地方财政一般预算支出变化图。从图中可以看出，2017～2020年东部地区革命老区地方财政一般预算支出一直呈上升趋势，2020年达到最大（6911.85亿元），而到2021年发生大幅下降，比上年下降14.77%，但这5年整体还是呈上升态势，年均增长率为1.11%。对比图2-9与图2-10，可以明显地发现整个东部地区革命老区地方财政的一般预算支出远高于一般预算收入。

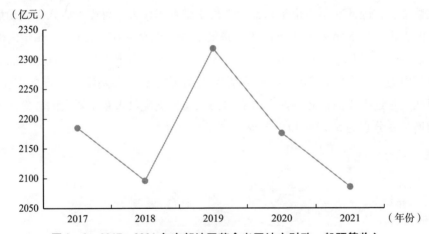

图2-9　2017～2021年东部地区革命老区地方财政一般预算收入

资料来源：中国革命老区大数据平台。

再将目光投至东部地区革命老区的各个省份，表2-8和表2-9分别展示了2017～2021年东部七省份革命老区地方财政的一般预算收入和一般预算支出。简单对比表2-8与表2-9可以明显地发现与东部地区的整体情况一样，东部各省份的地方财政的一般预算支出都远高于一般预算收入。从表2-8可以看出，2017～2021年，除了河北省和浙江省外，其余五省份地方财政一般预算收入的发展总趋势与东部地区的整体情况一致，都呈下降趋势。

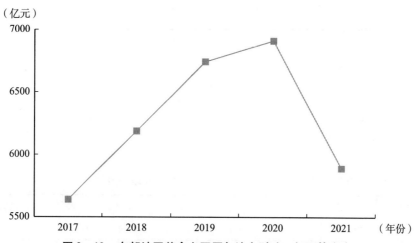

图 2 - 10 东部地区革命老区历年地方财政一般预算支出

资料来源：中国革命老区大数据平台。

福建省和山东省的地方财政一般预算收入始终在东部七省份中位列第一、第二名，并且都在 2019 年达到最大值，分别为 567.97 亿元和 439.26 亿元，位于第一梯队。2021 年广东省、河北省、浙江省分别位列第三、第四、第五名，位于第二梯队，其中，河北省地方财政一般预算收入的年均增长率最高，达 9.14%。海南省和北京市的地方财政一般预算收入则相对较低，位于第三梯队，其中，北京市是东部七省份中降幅最大的省份，年均增长率低至 -13.24%。从表 2 - 9 可以发现，2017 ~ 2021 年，除了福建省、海南省和北京市外，其余四省份地方财政一般预算支出的发展总趋势与东部地区的整体情况一致，都呈上升趋势。广东省和福建省位列第一梯队，2021 年地方财政一般预算支出分别为 1427.20 亿元和 1180.06 亿元。河北省、山东省和浙江省位于第二梯队，2021 年的地方财政一般预算支出也较为接近，其中河北省的年均增长率最高，达 5.92%。海南省和北京市位于第三梯队，其中，北京市仍然是年均增长率最低的省份，低至 -14.50%。

表 2 - 8　　2017 ~ 2021 年东部七省份革命老区地方财政一般预算收入　单位：亿元

年份	北京市	河北省	浙江省	福建省	山东省	广东省	海南省
2017	174.22	233.09	224.18	560.66	376.42	359.25	257.31
2018	191.22	267.91	259.39	434.46	416.36	335.22	191.55

续表

年份	北京市	河北省	浙江省	福建省	山东省	广东省	海南省
2019	209.28	295.08	278.36	567.97	439.26	324.27	204.06
2020	218.01	311.25	271.51	467.87	374.71	328.38	204.46
2021	81.94	318.31	264.86	519.92	368.98	348.39	183.33

资料来源：中国革命老区大数据平台。

表2-9　　　2017～2021年东部七省份革命老区地方财政一般预算支出　单位：亿元

年份	北京市	河北省	浙江省	福建省	山东省	广东省	海南省
2017	497.62	668.04	684.15	1211.14	747.43	1189.48	642.10
2018	557.10	805.70	785.08	1198.19	780.70	1341.32	720.04
2019	583.60	859.15	941.73	1261.33	842.46	1479.91	775.53
2020	626.04	925.03	908.14	1294.25	836.92	1544.56	776.91
2021	209.02	826.21	812.14	1180.06	822.43	1427.20	614.01

资料来源：中国革命老区大数据平台。

（五）出口额

首先从整个东部地区革命老区的视角来看，2017年和2021年东部地区革命老区的出口额分别为448.48亿美元和368.31亿美元，总体呈下降趋势，年均增长率为 -4.47%。图2-11展示了2017～2021年东部地区革命老区出口额。可以看出，东部地区革命老区出口额在2018年达到最大值（594.94亿美元）后，由于受到国际贸易壁垒和新冠疫情的影响，自2019年起，出口额就开始持续下降，2021年降至368.31亿美元。

再对各个省份的情况进行分析。2017～2021年东部七省份革命老区出口额情况如图2-12所示。可以看出，东部七省份之间出口额相差较大，并且2017～2021年，除了福建省外，其余六省份出口额变化总趋势与东部地区的整体情况一致，都呈下降趋势。2017年出口额最高的是广东省（137.48亿美元），福建省位列第二（122.91亿美元），2018年福建省猛超广东省，高达286.39亿美元，随后福建省虽然出口额开始下降，但仍位居第一，广东省因而保持着东部第二，此两省位于东部第一梯队。山东省和浙江省始终居于第三、第四的位置,位于第二梯队。河北省、北京市和海南省位于第三梯队,河北省和北京市的出口额比较接近,排名在第五、第六之间跳动,而海南省则始终位于末位,海南省 2021 年的出口额为 8.62 亿美元,不足东部第一福建省(127.61 亿美元)的 7%。2017~2021 年,唯一实现正增长的福建省的年均增长率为 0.96%,而降幅最大的山东省的年均增长率则低至 -12.20%。

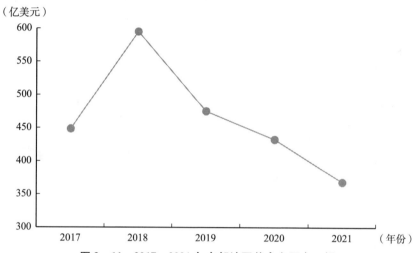

图 2-11　2017~2021 年东部地区革命老区出口额

资料来源:根据中国革命老区大数据平台计算得到。

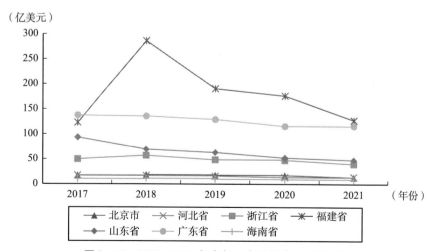

图 2-12　2017~2021 年东部七省份革命老区出口额

资料来源:中国革命老区大数据平台。

（六）年末金融机构各项贷款余额

首先从整体上来看，如图 2 - 13 所示，2017～2021 年东部地区革命老区年末金融机构各项贷款余额整体呈上升态势，从 2017 年的 27055.40 亿元，上升至 2020 年的最大值 33696.39 亿元，后降至 32562.44 亿元，是 2017 年的 1.2 倍。

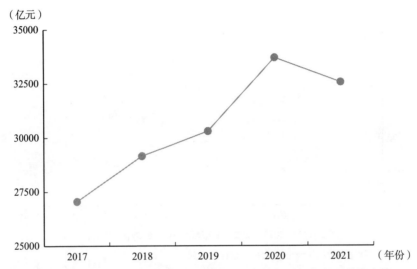

图 2 - 13　2017～2021 年东部地区革命老区年末金融机构各项贷款余额

资料来源：根据中国革命老区大数据平台计算得到。

再将目光投至各省份，表 2 - 10 展示了 2017～2021 年东部七省份革命老区年末金融机构各项贷款余额。可以看出，2017～2021 年，除了北京市外，其余六省份年末金融机构各项贷款余额变化总趋势与东部地区的整体情况一致，都呈上升趋势。河北省年末金融机构各项贷款余额的年均增长率最高，高达 15.75%，北京市的年均增长率最低，为 - 13.22%。福建省、山东省和广东省的波动性较大，海南省变化最为稳定。2021 年福建省年末金融机构各项贷款余额位列东部第一，高达 8168.49 亿元，近乎是末位北京市（556.30 亿元）的 14.7 倍。

表 2 – 10　　　　　2017～2021 年东部七省份革命老区年末

金融机构各项贷款余额　　　　　单位：亿元

年份	北京市	河北省	浙江省	福建省	山东省	广东省	海南省
2017	1180.66	2682.06	3707.05	6613.32	5907.96	5486.88	1477.47
2018	1429.50	3046.81	4148.82	5787.32	6562.03	6438.72	1735.85
2019	1061.69	3495.55	4966.09	6465.92	7533.25	4923.45	1855.66
2020	1042.36	3852.86	5573.65	7298.03	8612.63	5303.45	2013.40
2021	556.30	4371.25	5705.76	8168.49	6234.76	5889.78	1636.09

资料来源：中国革命老区大数据平台。

二、帮扶政策

革命老区是脱贫攻坚的主战场之一，为打赢脱贫攻坚战，我国政府及相关部门为老区制定了各色帮扶政策。

2014 年 3 月，国家发展和改革委员会发布《赣闽粤原中央苏区振兴发展规划》。2015 年 12 月，中共中央办公厅、国务院办公厅印发《关于加大脱贫攻坚力度支持革命老区开发建设的指导意见》，明确要求加大革命老区振兴发展政策倾斜力度，全力加快老区振兴发展步伐。2016 年 3 月，《国民经济和社会发展第十三个五年规划纲要》明确提出要加大对革命老区的支持力度，大力推动赣闽粤原中央苏区等重点贫困革命老区振兴发展，积极支持沂蒙、太行、海陆丰等欠发达革命老区加快发展。2018 年 9 月，广东省印发《海陆丰革命老区振兴发展规划》，推出含金量较大的 59 项具体政策，推进一大批重大项目建设。2021 年 1 月，国务院印发《关于新时代支持革命老区振兴发展的意见》将支持革命老区振兴发展纳入国家重大区域战略，提出"支持赣南等原中央苏区和海陆丰革命老区深度参与粤港澳大湾区建设""鼓励太行、沂蒙等革命老区重点对接黄河流域生态保护和高质量发展，浙西南革命老区融入长江三角洲区域一体化发展，琼崖革命老区在海南自由贸易港建设中发挥独特作用"。据此，2021 年 3 月底，河北省省政府印发了《关于新时代支持重点革命老区振兴发展的实施意见》；2021 年 8 月，浙江省省政府发布《关于新时代支持浙西南等革命老区振兴发展的实施意见》；2021 年 8 月底，广东省委、省政府印发《关于新时代支持革命老区和原中央苏区振兴发展的实施意见》；2021 年 10 月，海南省人民政府发布《关于新时代支持琼崖革命老区振兴发展的实施意见》；2021 年 10 月，山东省人民政府出台了《关于新时代支持沂蒙革命老区振兴发展的实施方案》，聚焦沂蒙革命老区短板弱项，提出了 7 部分 25 项政策措施；2022 年 1 月底，福建省省政府出台了《关于印发新时代进一步推动福建革命老区振兴发展实施方案的通知》。2021 年 11 月，国家发展改革委发布《"十四五"特殊类型地区振兴发展规划》，明确了 12 个革命老区的规划范围，明确了 20 个革命老区重点城市的目标定位，明确了支持革命老区振兴的重点政策。并先后出台"十四五"支持革命老区巩固拓展脱贫攻坚成果、基础设施建设、生态环境保护修复、红色旅游发展等四个领域的实施方案，构建新时代支持特殊类型地区振兴"1＋N"政策体系。其中，国家发展改革委等部门 2021 年 11 月印发的《"十四五"支持革命老区巩固拓展脱贫攻坚成果衔接推进乡村振兴实施方案》，提出要推进革命老区重点县城建设：支持福建省上杭县、长汀县，广东省海丰县，山东省新泰县，浙江省缙云县，海南琼海市等全国县城建设示范地区建设；支持福建省南安市，广东省普宁市，河北省武安市等县市加快经济发展，建设县域经济百强县。

（一）资金扶贫

在资金方面，加大财政金融支持力度。2001 年起，中央财政就设立了革命老区转移支付，资金主要用于革命遗址保护、烈士陵园维护和改造等老区专门事务，以及教育、文化、卫生、乡村道路、饮水安全等老区民生事务，补助对象是对中国革命做出重大贡献、财政较为困难的连片老区县（市、区），东部七省份中的河北省、福建省、山东省、广东省以及海南省位于补助名单中。2021 年革命老区转移支付合计 198.66 亿元，其中整个东部地区革命老区占 840910 万元，福建省革命老区转移支付居全国第一，高达 529260 万元，是整个东部地区革命老区转移支付总量的 63%。2011 年，国务院下发《关于山东沂蒙革命老区参照执行中部地区有关政策的通知》，提出在安排中央预算内投资等资金时，参照执行中部地区政策。2011 年起，财政部下达中央专项彩票公益金支持革命老区脱贫攻坚。2021 年中央专项彩票公益金下达北京市、福建省、海南省革命老区各 5000 万元，河北省、浙江省、山东省、广东省革命老区各 10000 万元。2021 年 1 月，国务院在《关于新时代支持革命老区振兴发展的意见》中指出，中央预算内投资继续对赣南等原中央苏区参照执行西部地区政策，对沂蒙革命老区参照执行中部地区政策，研究安排专项资金支持革命老区产业转型升级平台建设。2021年5月，国家开发银行印发《关于支持革命老区振兴发展的意见》。2021年11月，农业发展银行印发《关于新时代支持革命老区振兴发展的指导意见》。2021年11月，中国农业银行印发《关于支持革命老区振兴发展的意见》。

（二）产业扶贫

在产业方面，支持革命老区因地制宜发展特色产业，将资源优势转化为产业优势，推进一二三产业融合发展，延长农业产业链，积极发展特色农产品交易市场，利用既有的优美环境打造养生养老基地和休闲度假目的地，发展旅游业。

"发展产业是实现脱贫的根本之策。要因地制宜，把培育产业作为推动脱贫攻坚的根本出路"，2016年7月，习近平总书记在宁夏考察时就强调产业扶贫的重要性；2020年3月，习近平总书记在决战决胜脱贫攻坚座谈会上继续强调："要加大产业扶贫力度"。产业扶贫是稳定脱贫和持续发展的根本路径。2020年7月，农业农村部为加快发展乡村产业，印发了《全国乡村产业发展规划（2020–2025年)》。

山东省扶贫开发领导小组办公室2016年3月印发《山东省扶贫工作重点村产业发展项目管理办法》。2018年5月底海南省农业厅、海南省扶贫工作办公室印发《关于推行农业产业扶贫"五带动全覆盖"模式促进贫困户持续稳定增收的通知》，要求在全省推行"五带动全覆盖"模式，即企业、共享农庄、合作社、家庭农场、致富能人五类经营主体，覆盖带动所有建档立卡贫困户，助力农业产业精准扶贫。2019年1月，浙江省农业农村厅等三部门印发《浙江省扶贫产业增收项目管理办法》，对26个加快发展县和台州市黄岩区、金华市婺城区、兰溪市有关乡镇符合条件的农户和组织，提供扶贫产业增收项目补助金，同时对少数民族村或革命老区村的重点帮扶村给予一定倾斜。2019年4月，福建省人民政府办公厅印发《福建省产业扶贫保险实施方案》，将全省建档立卡贫困人口从事的农业产业项目全部纳入产业扶贫保险政策保障范围。河北省大力发展家政服务扶贫产业，2020年6月，河北省发改委、省商务厅、省人社厅等八部门印发《关于加快推进家政服务扶贫产业促进家政服务业提质扩容的实施意见》。2019年5月，广东省农业农村厅发布《广东省农业农村厅"一村一品、一镇一业"建设工作方案》。广东荔枝种植历史悠久，种植面积全国第一，是省内种植面积最大、品种特色最鲜明、区域优势最明显的水果。2019 年 6 月河北省农业农村厅、省发改委等 12 部门联合印发《河北产业扶贫 2019 年工作要点》提出了 15 项产业扶贫工作要点，并要求到 2019 年底每个贫困县形成 1 个以上特色鲜明、带贫面广、有竞争力的扶贫主导产业。2021 年 1 月初，广东省农业农村厅印发了《广东荔枝产业高质量发展三年行动计划（2021～2023年）》，力求以荔枝产业"小切口"推动农业产业"大变化"。2021 年 4 月农业农村部、国家发展改革委等 9 部门联合印发《关于推动脱贫地区特色产业可持续发展的指导意见》，要求各地加大政策扶持，健全产业链条，补齐要素短板，长期培育和支持脱贫地区特色产业，拓展产业增值增效空间，创造更多就业增收机会，促进内生可持续发展，为实现巩固拓展脱贫攻坚成果同乡村振兴有效衔接提供有力支撑。

大力发展农业农村数字经济，全面提升农业农村生产智能化、经营网络化、管理高效化、服务便捷化水平，加快农业农村现代化进程。2019 年 5月，中共中央办公厅、国务院办公厅印发了《数字乡村发展战略纲要》。2020 年 1 月农业农村部、中央网络安全和信息化委员会办公室发布《数字农业农村发展规划（2019—2025 年）》，对新时期推进数字农业农村建设的总体思路、发展目标、重点任务做出明确部署。随后各省市据此制定并发布了相应的行动规划，对"十四五"时期本省数字乡村发展做出了部署安排。

发展旅游业，尤其是利用好革命老区的红色资源，大力发展红色旅游。早在 2004 年 12 月、2011 年 5 月、2016 年 12 月，中共中央办公厅、国务院办公厅就先后印发了《2004—2010 年全国红色旅游发展规划纲要》《2011 - 2015 年全国红色旅游发展规划纲要》《2016 - 2020 年全国红色旅游发展规划纲要》。与此同时，国家发展改革委会同中宣部、文化和旅游部、财政部等相关部门又制定发布了《全国红色旅游经典景区名录》，其中涉及相关景点 300 处。2021 年 1 月，国务院印发的《关于新时代支持革命老区振兴发展的意见》明确提出，推动红色旅游高质量发展，建设红色旅游融合发展示范区，支持中央和地方各类媒体通过新闻报道、公益广告等多种方式宣传推广红色旅游。随后，据此，2021 年 2 月国家发展改革委会同文化和旅游部、国家文物局印发推动革命老区红色旅游高质量发展有关方案，着眼于"十四五"时期革命老区用活用好各类红色资源，积极发展红色旅游，适用范围为国家明确的 12 个革命老区及全国其他革命老区县市。2021 年 5 月，民航局、文化和旅游部印发《关于促进民航业与红色旅游深度融合创新发展的指导意见》，进一步发挥民航业在推动红色旅游高质量发展中的重要作用，促进民航业与红色旅游深度融合创新发展。国务院于 2021 年 12 月印发的《"十四五"旅游业发展规划》指出：支持革命老区、民族地区、边疆地区和欠发达地区发挥特色旅游资源优势。积极发挥红色旅游巩固拓展脱贫攻坚成果作用，紧密结合革命老区振兴发展，依托当地红色文化等重要资源，培育壮大特色旅游产业，增进革命老区人民福祉。

（三）民生扶贫

在民生方面，加快重大基础设施建设，推进交通、电网、通信、水利等方面建设，破解发展瓶颈制约。提高农村饮水、电力保障水平，实施易地扶贫搬迁，加大农村危房改造力度，补齐教育短板，加强社会保险帮扶，健全低保、临时救助等各项社会救助制度，逐步提高老区最低生活保障水平，大幅提升基本公共服务水平。拓展劳动力就地就近就业空间，加大贫困老区劳动力技能培训力度，全面增强群众增收致富能力。

2015 年 10 月国务院常务会议审议通过建立电信普遍服务补偿机制，截至 2021 年 11 月底，先后部署七批建设任务，累计支持全国 13 万个行政村光纤网络和 6 万个农村 4G 基站建设，推动行政村、贫困村、"三区三州"深度贫困地区通宽带比例分别从不足 70%、62% 和 26% 提升至 100%，我国现有行政村全面实现"村村通宽带"（通宽带是指已通光纤或通 4G），贫困地区通信难等问题得到了历史性解决①。

易地扶贫搬迁是针对生活在"一方水土养不好一方人"地区贫困人口实施的一项专项扶贫工程，通过改善安置区的生产生活条件、调整经济结构和拓展增收渠道，帮助搬迁人口逐步脱贫致富，即"通过'挪穷窝''换穷业'，实现'拔穷根'"，从根本上解决搬迁群众的脱贫发展问题。2015 年 12 月初，全国易地扶贫搬迁工作电视电话会议在北京召开，各地易地扶贫搬迁工作同步启动。2016 年 9 月国家发展改革委印发《全国"十三五"易地扶贫搬迁规划》，计划对 22 个省（自治区、直辖市）实施易地扶贫搬迁

① 工信部：我国现有行政村已全面实现村村通宽带，http：//finance. people. com. cn/n1/2021/1231/c1004 - 32321622. html.

工程，东部七省份革命老区中的河北省、福建省、山东省三省份也包含在内。国务院于 2021 年 12 月印发的《"十四五"旅游业发展规划》指出：加大易地扶贫搬迁后续扶持，支持革命老区开展好易地扶贫搬迁安置区就业帮扶专项活动。

2015 年 10 月习近平总书记在 2015 年减贫与发展高层论坛的主旨演讲中提道："扶贫必扶智，让贫困地区的孩子们接受良好教育，是扶贫开发的重要任务，也是阻断贫困代际传递的重要途径。"财政部、教育部 2016 年、2019 年、2021 年发布的《城乡义务教育补助经费管理办法》，都强调省级财政、教育部门在分配补助经费时，重点向农村地区倾斜，向边远地区、贫困地区、民族地区、革命老区倾斜。

扶贫先扶志，弘扬老区精神，传承红色基因，汇聚复兴伟力。东部地区革命老区孕育出了坚定信念、坚持斗争、实事求是、勇于担当、民族团结、共同奋斗的老区精神。老区精神是革命精神的总概括，是中国共产党创建和发展革命根据地历史中，在建党精神引领下，党和老区人民群众开展革命实践所孕育形成的宝贵精神品质，集中体现了"坚定理想、求真务实、敢于斗争、顽强拼搏、无私奉献、艰苦奋斗、休戚与共"的精神品格，是中国共产党人的精神谱系的重要组成部分。2018 年 7 月，中共中央办公厅、国务院办公厅印发了《关于实施革命文物保护利用工程（2018～2022 年）的意见》，要求加强新时代革命文物工作，充分发挥革命文物在开展爱国主义教育、培育社会主义核心价值观、实现中华民族伟大复兴中国梦中的重要作用。

坚持就业优先，加大革命老区以工代赈支持力度，支持革命老区统筹用好乡村公益性岗位，提供技能培训和用工信息，建立农业新型经营主体带动帮扶机制，帮助脱贫家庭主要劳动力就近获得稳定的就业机会。2016 年以来，人力资源和社会保障部等部门相继出台了《关于切实做好就业扶贫工作的指导意见》《关于深入推进扶贫劳务协作提升劳务组织化程度的通知》《关于进一步加大就业扶贫政策支持力度着力提高劳务组织化程度的通知》等一系列政策文件，形成了一套专门针对贫困劳动力就业的精准帮扶政策，对发展扶贫车间吸纳、支持返乡创业带动、开展有组织劳务输出、开发公益性岗位安置都有专门的支持政策措施。同时，政策覆盖就业扶贫工作涉及的各类用人单位、各类服务主体和贫困劳动力就业创业各个渠道，与普通劳动者相比，贫困劳动力就业创业可享受的补贴项目更多，补贴标准更高。

（四）生态扶贫

在生态方面，建设美丽乡村，推进农村人居环境整治，加快推进革命老区宜居宜业，实施重点生态工程，加强自然保护区建设与管理，着力打造永续发展的美丽老区。2020年6月，国家发展和改革委员会、自然资源部印发了《全国重要生态系统保护和修复重大工程总体规划（2021～2035年）》，这是党的十九大以来，国家层面推出的首个生态保护与修复领域综合性规划，该规划将全国重要生态系统保护和修复重大工程集中布局到南方丘陵山地带、海岸带等7大区域；将工程建设的着力点集中到构筑和优化国家生态安全屏障体系上，部署了9项重大工程47项重点任务，基本涵盖了全国25个重点生态功能区，以及京津冀、黄河下游、贺兰山、河西走廊、洞庭湖、鄱阳湖及海岸带等重点治理区域。2021年4月底，生态环境部组织召开了"十四五"革命老区生态环境保护修复实施方案编制工作座谈。2021年11月，国家发展改革委等部门印发的《"十四五"支持革命老区巩固拓展脱贫攻坚成果衔接推进乡村振兴实施方案》中提出，指导和支持革命老区划定生态保护红线、永久基本农田、城镇开发边界以及城市蓝线、绿线等重要控制线，推进长江、黄河等生态廊道以及太行山、南岭、武夷山等生态屏障建设；统筹推进山水林田湖草沙系统治理，支持赣闽粤、太行等革命老区重点区域生态保护和修复。

北京市于2020年实现全市234个低收入村全部消除，全市低收入农户家庭人均可支配收入达到17588元，全部超过标准线11160元①。"十三五"期间，市、区共投入14.4亿元产业帮扶资金，扶持了952个产业项目，涉及特色种植、特色养殖、休闲旅游、分布式光伏、异地物业等，通过项目建设和管护用工、产业收益分红等形式，累计惠及3万余低收入农户；共搬迁低收入农户2574户、5342人，涉及低收入村45个；通过生态建设和管护等生态就业岗位优先吸纳低收入劳动力，共选聘4700余名低收入劳动力成为生态林管护员；累计教育帮扶1.55万人次，摸排鉴定低收入农户C、D级危房4553户，实施改造2886户全部竣工，1667户通过其他方式解决安全住所，帮助1601名无养老保障低收入老年人享受城乡养老保险待遇②。

---

①② https：//nyncj.beijing.gov.cn/nyj/snxx/gzdt/10933555/.

北京市太行革命老区处于生态涵养区，自然资源丰富，承担着保障首都生态安全的重要任务。三区始终坚守功能定位，严守生态保护红线，实施高水平生态涵养保护，坚决守护好绿水青山。通过实施新一轮百万亩造林绿化、京津风沙源治理二期等工程，三区森林覆盖率不断提高，截至 2021 年底，门头沟区、昌平区、房山区森林覆盖率分别为 48.08%、48.25%、36.91%，比"十三五"初期分别提高了 4.81 个、1.65 个、3.71 个百分点①。生态文明示范创建成果显著，三区创建国家森林城市指标均已达标，门头沟区已获评国家生态文明建设示范区、"两山"实践创新基地，房山区史家营乡曹家坊废弃矿山生态修复及价值实现入选自然资源部第二批生态产品价值实现典型案例。同时三区不断培育壮大革命老区绿色产业，门头沟区传统资源型产业已全面退出，结束千年采煤史，第三产业占地区生产总值比重超过 70%；房山区立足建设首都西南部生态屏障，加快构建高品质的特色历史文化旅游和生态休闲区，打造"红绿融合实践地、乡村振兴示范区"；昌平区大力夯实首都西北部生态屏障，依托未来科学城，主动承接中关村溢出资源发展互联网信息产业，持续做强做大精品、高端都市农业②。

河北省 2020 年实现全省 232.3 万建档立卡贫困人口全部稳定脱贫，45 个国定贫困县、17 个省定贫困县全部摘帽，7746 个贫困村全部出列，历史上首次消除绝对贫困和区域性整体贫困。③ 河北省太行革命老区县已全部实现高速公路通达、快速铁路基本覆盖，县乡道路安全隐患治理率达到 100%，全部行政村通四级公路，同时穿越河北省太行山区的太行山高速公路，也于 2018 年底正式通车，太行山高速公路的建设，直接连接 4A 级及以上景区 53 个，大大拉近了太行山区与京津雄的时空距离，将太行山区绿色产业与京津冀都市圈中高端市场实现高效对接。截至 2021 年底，河北省太行革命老区易地扶贫搬迁任务涉及 4 市 15 个县，累计完成易地扶贫搬迁人口 9.6 万人，其中搬迁脱贫人口 5.97 万人，共建成集中安置区 92 个，配套建设 286 个后续产业设施；同时，北京市 136 个经济强镇结对张家口 158 个乡镇，共建产业园区 16 个，有效带动冰雪产业、乡村旅游、健康养生等产业发展。2020～2021 年，在太行山区大力推广运用困难立地造林技术，大规模实施造林绿化，共完成造林绿化 89.65 万亩，其中人

---

① ② "老区新貌"系列报道之十六：生态优先 绿色发展 北京太行革命老区走出一条特色振兴路，https://www.ndrc.gov.cn/fggz/dqzx/gglqzxfz/202206/t20220602_1326798.html.

③ 数据来自河北新闻，https://hebei.hebnews.cn/2021-01/20/content_8332561.htm.

工造林 31.09 万亩，封山育林 42.16 万亩，飞播 7.5 万亩，退化林修复 8.9 万亩。①

　　早在 1997 年，浙江省就以 8 个贫困山区县为重点区域，以区域内全体农民为对象，着力消除县域绝对贫困，成为全国第一个没有贫困县的省份；2002 年，通过实施"百乡扶贫攻坚计划"，浙江省 101 个贫困乡镇农民人均收入超过 1500 元，成为全国第一个没有贫困乡镇的省份②；2015 年对农户建档立卡，落实"一户一策一干部"帮扶机制，通过"产业开发一批、培训就业一批、低保兜底一批、救济救助一批、督孝赡养一批"精准扶贫，又率先实现绝对贫困人口脱贫。2021 年，浙西南革命老区地区生产总值达到 3443.6 亿元，同比增长 7.7%；完成固定资产投资 1600 亿元，同比增长 13.7%；居民人均可支配收入达到 40436 元，同比增长 11%。截至 2021 年底，27 个山海协作产业园共引进项目 1295 个，完成固定资产投资 1596 亿元；推动 26 个山海协作"产业飞地"在省级新区、能级较高的开发区（园区）平台落地共建，16 个"科创飞地"累计孵化项目 307 个，37 个"消薄飞地"累计返利超过 4 亿元、带动 3000 多个经济薄弱村；组织 13 家省市级三甲医院与革命老区县、山区县签订合作框架协议，下派资深医疗专家近 400 名，共建重点托管专科 148 个，累计诊疗患者近 13.9 万人次，开展手术 7903 台次，培训带教 9017 场次，开展新技术新项目 418 余项；采取校际结对、联合办学、选派优秀教师等方式，推进教育资源优质共享，安排支援地 226 所优质学校与革命老区县、山区县中小学结对"教共体"。③

　　福建省于 2019 年底，实现现行标准下 45.2 万农村建档立卡贫困人口全部脱贫，2201 个建档立卡贫困村全部退出，23 个省级扶贫开发工作重点县全部"摘帽"。2016 年起每年按全省一般公共预算收入的 2‰以上筹集资金，专项用于精准扶贫精准脱贫。安排财政专项扶贫发展资金，扶持建档立卡贫困户因地制宜发展增收脱贫项目，做到有劳动力的贫困户都有 1 个以上

　　① 发改委．"老区新貌"系列报道之十七：牢记嘱托 真抓实干 河北全力推动太行革命老区振兴，https：//www. ndrc. gov. cn/fggz/dqzx/gglqzxfz/202206/t20220608_1326966. html.
　　② http：//zjnews. china. com. cn/yuanchuan/2020 - 10 - 13/252895. html.
　　③ 发改委．"老区新貌"系列报道之七：深化山海协作坚持红绿融合 大力推进浙西南革命老区振兴发展．https：//www. ndrc. gov. cn/fggz/dqzx/gglqzxfz/202204/t20220428_ 1323563. html.

项目。① 同时大力发展富民产业，每年安排财政资金 20 亿元以上，支持老区苏区发展茶叶、蔬菜、水果、畜禽、渔业、食用菌等乡村特色产业，推进老区苏区乡村振兴。② 至 2021 年底，福建老区苏区已经实现"市市通快铁""县县通高速"，所有县城实现二级以上公路连接、15 分钟内上高速，基本实现"镇镇有干线"；老区苏区农村小规模学校附设幼儿园全覆盖，义务教育管理标准化学校达 3247 所，老区苏区所有县成为"全国义务教育发展基本均衡县"；乡村文体、养老设施建设加快，养老服务水平稳步提升，老区苏区县全面实现低保、特困供养和临时救助标准城乡一体化，城乡居民基础养老金省定最低标准提高到 130 元，高出国家标准 37 元。③ 同时，老区苏区水、大气、生态环境保持全优，县级以上饮用水水源地水质达标率 100%，南平、三明、龙岩等重点革命老区森林覆盖率均接近 80%，绿色优势更加凸显④。此外，福建省还积极推动原中央苏区、海陆丰片区、闽浙赣片区等革命文物集中连片保护工程，仅 2021 年就启动了 20 个革命文物保护利用工程，安排了省级以上资金 1.14 亿元支持革命老区文物保护和修缮项目建设⑤。

在"十三五"期间，山东省累计搬迁建档立卡贫困人口 4206 户、11335 人，已全部搬迁入住并实现稳定脱贫⑥；省标以下 251.6 万贫困人口全部脱贫，8654 个省扶贫工作重点村全部退出⑦。2021 年临沂市外贸进出口总额达 1766.8 亿元，全市外贸依存度达到 32.3%，成功获批国家级外贸转型升级基地，市场采购贸易方式完成出口 685.8 亿元，占全市出口额的 43.2%，综合保税区进出口完成 311.7 亿元，对"一带一路"共建国家实现出口 683.7 亿元，对区域全面经济伙伴关系协定（RCEP）签署国实现进出口 652.3 亿元⑧。2021 年，新建省技术创新中心 3 家、院士工作站 4 个，培育国家科技型中小企业入库企业 1316 家，2021 年底高新技术企业数量达到 1117 家⑨。同时推进高标准农田建设，建设美丽乡村，健全完善生

① 福建省人民政府．脱贫攻坚的福建答卷，https：//fujian.gov.cn/xwdt/fjyw/202102/t20210225_5538709.htm.

②③④⑤ 发改委．福建老区苏区振兴发展取得积极成效，https：//www.ndrc.gov.cn/fggz/fgzy/xmtjd/202204/t20220429_1324109.html.

⑥ 中央人民政府．山东易地扶贫搬迁贫困人口全部稳定脱贫，https：//www.gov.cn/xinwen/2020-12/27/content_5573816.htm.

⑦ 山东省人民政府．http：//www.shandong.gov.cn/art/2021/2/7/art_101626_399212.html.

⑧⑨ 发改委．"老区新貌"系列报道之十四：加快健全政策体系 加快转换新旧动能 山东沂蒙革命老区发展取得新成就，https：//www.ndrc.gov.cn/fggz/dqzx/gglqxxfz/202205/t20220525_1325346.html.

态文明建设。临沂市的高耗能行业投资占比由 2013 年的 18.4% 下降到 2021 年的 16.6%①。截至 2021 年底，临沂市共有 A 级旅游景区 156 家，居全省第一位②。注重弘扬传承红色文化，扩大沂蒙红色文化影响，《沂蒙山》《沂蒙三章》《沂蒙情》等表演在全国演出，同时还创作推出一批弘扬沂蒙精神的优秀文艺作品，将沂蒙精神纳入中小学德育课程和思政课教学内容，将沂蒙精神常态化列入县委党校培训计划。

广东省从 2016 年开始，就聚焦于 4000 元标准下 161.5 万相对贫困人口和 2277 个相对贫困村，2020 年，相对贫困村全部脱贫出列，相对贫困人口全部稳定脱贫③。2021 年，广东省对老区苏区专项财力补助标准已经从 2017 年的部分老区苏区每县安排 1000 万元、年度总规模 2.2 亿元，提高至重点老区苏区每县安排 5000 万元，其他老区县每县 2000 万元、年度总规模达 20.8 亿元，助力老区苏区持续改善民生④。此外，广东省委、省政府在 2021 年 8 月底发布的《关于新时代支持革命老区和原中央苏区振兴发展的实施意见》中还表示，2021～2025 年，广东省财政会再新增 210 亿元，专门用于办好老区苏区专项财力补助提标、中央预算内投资配套以及人民群众"喝好水、走好路、读好书"等 5 项实事，支持老区苏区振兴发展。2021 年，下达中央和省级补助资金超过 12 亿元支持老区苏区开工改造 708 个城镇老旧小区，惠及老区苏区人民群众约 11.8 万户⑤。广东省扶持老区苏区 865 个村发展"一村一品、一镇一业"农业特色产业，796 个村被认定为省级专业村、78 个镇被认定为专业镇，101 个农产品荣获全国名特优新农产品称号⑥。2021 年，11 家老区苏区地区的农业科技园进入第七批省级建设名单，全省老区苏区共建有 31 个省级以上农业科技园，79 家星创天地⑦。采取"党政机关 + 企事业单位 + 农村科技特派员、'三支一扶'人员、志愿者、金融助理"组队帮扶模式，提升镇村公共基础设施水平和公共服务能力，老区苏区基本全部纳入帮扶范围，占全省总量的 92.67%，支持珠三角地区与老区苏区开展消费扶贫，梅州借力广州对口帮扶，河源紧密对接深圳

①② 发改委."老区新貌"系列报道之十四：加快健全政策体系 加快转换新旧动能 山东沂蒙革命老区发展取得新成就，https：//www.ndrc.gov.cn/fggz/dqzx/gglqzxfz/202205/t20220525_1325346.html.

③ 广东省人民政府.https：//www.gd.gov.cn/zwgk/zdlyxxgkzl/fpgzxx/content/post_3140540.html.

④ 广州日报.https：//oss.gzdaily.cn/site2/pad/content/2023–11/03/content_2086793.html.

⑤⑥⑦ 发改委.广东奋力开创新时代老区苏区全面振兴发展新局面，https：//www.ndrc.gov.cn/fggz/fgzy/xmtjd/202204/t20220429_1324111.html.

消费需求①。倾斜支持老区苏区基础教育发展，2021 年省级基础教育高质量发展奖补资金 8.92 亿元，着力改善 1121 个老区苏区学校②。大力扶持老区苏区旅游产业发展，2021 年下达 80547 万元补齐人均公共文化支出短板；安排南粤古驿道保护利用专项资金 1.165 亿元；在老区苏区推出 8 条全省精品红色旅游线路，1 条线路入选国家"建党百年红色旅游百条精品线路"；支持老区苏区创建提升各类国家 A 级旅游景区，老区苏区新增 A 级旅游景区 49 家；创建国家全域旅游示范区 2 个，省级全域旅游示范区 30 个③。同时还着力提高老区苏区范围内生态公益林补偿标准，2021 年补偿标准每亩达 46.9 元，2021 年老区苏区新造林面积 17.03 万亩④。2021 年底，原中央苏区建成 66 个国家森林乡村，98 个省级森林乡村⑤。

海南省于 2020 年底，实现了建档立卡贫困人口 15.21 万户、64.97 万人全部脱贫，600 个贫困村全部出列，临高、白沙、五指山、琼中、保亭 5 个国定贫困县全部摘帽⑥。海南省革命老区实现县县通高速，在全国范围内率先实现所有具备条件的自然村通硬化路，海南岛中部地区"2 小时交通生活圈"也已成为现实。2020 年 6 月 1 日，《海南自由贸易港建设总体方案》公开发布。按照自由贸易港建设的相关部署，结合老区发展定位和资源禀赋，自由贸易港建设充分布局革命老区，国际航天城、博鳌乐城国际医疗旅游先行区、海南生态软件园、黎安旅游教育文化产业园等自贸港重点园区落户文昌、琼海、澄迈、陵水等重点革命老区县。海南省应急物资储备中心、文昌国际航天城智慧园区、博鳌乐城智慧园区、海澄文定城际铁路、国道 G360 文昌至临高公路、海口羊山大道至定安母瑞山公路、东方国际货运枢纽机场、万宁乌场一级渔港项目、南渡江迈湾水利枢纽工程、海南白沙国家南方训练基地等一大批自贸港重大项目在重点老区落地。海南在构建"三极、一带、一区"区域协调发展格局时，充分发挥海口市经济优势，联动澄迈县、文昌市、定安县、屯昌县重点老区发展；用好三亚市国际旅游、科技创新资源，带动陵水县、乐东县、保亭县发展；加快洋浦和儋州一体化融合发展；提升琼海市、东方市重点革命老区的辐射带动能力，形成滨海中心城市，打造滨海城市带；以热带雨林国家公园建设为抓手，推动五指山市、保亭县、

①②③④⑤　发改委．广东奋力开创新时代老区苏区全面振兴发展新局面，https：//www. ndrc. gov. cn/fggz/fgzy/xmtjd/202204/t20220429_1324111. html.
⑥　海南省人民政府．中国经济导报：琼崖革命老区在自贸港建设中谱写新传奇，https：//www. hainan. gov. cn/hainan/mtkhn/202206/aeffad86c63046c3a426bb2d9666b09f. shtml.

白沙县、琼中县等中部山区生态涵养保育。海南省特殊的地理位置与革命进程，成就了海南独具特色的红色文化。截至2021年12月，老区县内共评定国家A级旅游景区9家。三亚红色娘子军演艺公园景区推出红色娘子军实景演出，2019~2021年，共吸引游客超78万人次，旅游收入逾7000万元①。

三、社会进步

（一）教育

首先从普通小学在校生数占比看东部地区革命老区各省的教育状况。普通小学在校生数占比是普通小学在校生数在年末总人口中的占比。图2-14展示了2017~2021年东部七省份革命老区普通小学在校生数占比。2017~2021年，海南省普通小学在校生数占比始终位居首位，北京市的占比始终最低。东部七省份中，广东省、福建省和北京市的普通小学在校生数占比实现了正增长，其中，广东省是年均增长率最高的省份，达2.54%。河北省、

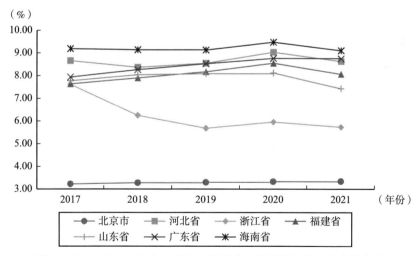

图2-14　2017~2021年东部七省份革命老区普通小学在校生数占比

资料来源：根据中国革命老区大数据平台计算得到。

①　海南省人民政府．中国经济导报：琼崖革命老区在自贸港建设中谱写新传奇，https：//www. hainan. gov. cn/hainan/mtkhn/202206/aeffad86c63046c3a426bb2d9666b09f. shtml.

海南省、山东省和浙江省的普通小学在校生数占比均呈下降趋势，其中，浙江省是降幅最大的省份，年均增长率低至 -6.19%。

其次从普通中学在校生数占比看东部地区革命老区各省份的教育状况。普通中学在校生数占比是普通中学在校生数在年末总人口中的占比。东部七省份革命老区 2017～2021 年普通中学在校生数占比情况如图 2-15 所示。可以看出，2017～2021 年，始终居于首位的依然是海南省，而北京市的占比依然是始终最低。与普通小学在校生数占比的变动趋势不同，东部地区的普通中学在校生数占比普遍呈增长态势，仅浙江省呈负增长，年均增长率为 -3.66%。而东部七省份中，普通中学在校生数占比增长最快的当属北京市，年均增长率高达 11.61%。总体看来，普通中学在校生占比大致呈缓慢增长趋势。

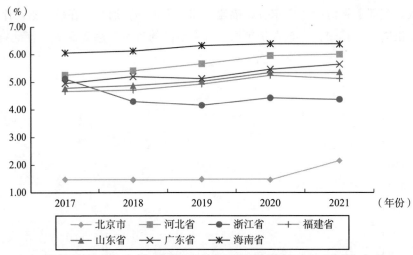

图 2-15　2017～2021 年东部七省份革命老区普通中学在校生数占比
资料来源：根据中国革命老区大数据平台计算得到。

最后从中等职业教育学校在校生数占比看东部地区革命老区各省的教育状况。中等职业教育学校在校生数占比是中等职业教育学校在校生数在年末总人口中的占比。图 2-16 展示了东部七省份革命老区 2017～2021 年中等职业教育学校在校生数占比情况。可以看出，2017～2021 年，中等职业教育学校在校生数占比变化最大的是北京市，从 2017 年东部第六的 0.36% 提升到 2021 年东部第一的 1.27%，年均增长率高达 62.30%。浙江省在 2017～2020 年的中等职业教育学校在校生数占比始终居于首位，2021 年被北京市赶超，降至第二，同时浙江省是降幅最大的省份，年均增长率为 −3.32%。福建省是东部七省份中除了浙江省外的另一个出现负增长的省份，其年均增长率为 −0.13%。总体看来，随着教育体制的改革，职业教育也被国家提升到更高的战略层面，中等职业教育学校在校生占比大致呈现出增长态势。

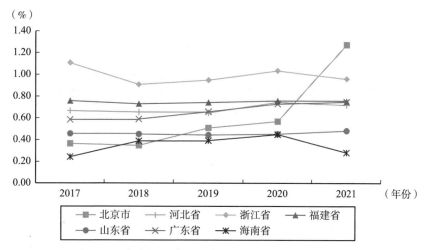

图 2 − 16 2017～2021 年东部七省份革命老区中等职业教育学校在校学生数占比
资料来源：根据中国革命老区大数据平台计算得到。

（二）文化

文化方面，利用公共图书馆总藏量来衡量获取文化资源的丰富程度。东部七省份革命老区 2017～2021 年公共图书馆总藏量情况如图 2 − 17 所示。可以看出广东省的波动较大，2019 年公共图书馆总藏量突然达到 10344.24 千册，成为东部七省份中唯一突破 10000 千册的省份，2020 年又跌入谷底，跌至 4854.24 千册，2021 年略有上升，为 5152.934 千册。浙江省、福建省和广东省位于第一梯队，2021 年公共图书馆总藏量都在 5000 千册以上。河北省和山东省位于第二梯队，海南省和北京市位于第三梯队。海南省和广东省是东部七省份中仅有的公共图书馆总藏量实现正增长的两个省份，年均增长率分别为 3.31% 和 0.79%，而北京市则是降幅最大的省份，2021 年公共图书馆总藏量较 2017 年降低了 39.64%。

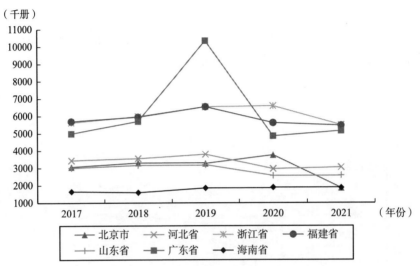

图 2 – 17　2017 ~ 2021 年东部七省份革命老区公共图书馆总藏量

资料来源：根据中国革命老区大数据平台计算得到。

（三）公共卫生

公共卫生方面，用医院、卫生院床位数来反映医疗资源。图 2 – 18 展示了东部七省份革命老区 2017 ~ 2021 年医院、卫生院床位数。可以看出，2017 ~ 2021 年，前四名的排名都非常稳定，分别为福建省、山东省、广东省和河北省；后三名的排名略有变动，这主要是由于海南省医院、卫生院床位数的上升引起的，在 2017 年，海南省的医院、卫生院床位数是东部七省份中最少的，但随后，床位数便开始增加，2019 年超越了北京市，成为东部第六，2020 年达到最大值 30140.4 张，进一步超越了浙江省成为东部第五，2021 年虽有所下降，但仍然维持在东部第五的位置。从整体发展态势来看，2017 ~ 2021 年东部地区医院、卫生院床位数总体呈上升趋势。浙江省和北京市是东部七省份中少有的医院、卫生院床位数减少的省市，其中，北京市的降幅最大，2021 年较 2017 年下降了 22.66% ；海南省是增幅最大的省份，年均增长率高达 15.62% ，2021 年较 2017 年增加了 62.48% 。

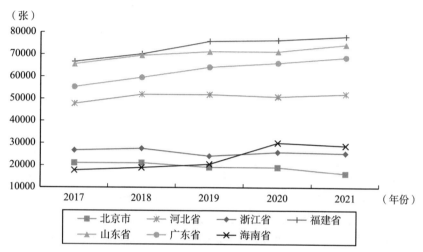

图 2-18　2017～2021 年东部七省份革命老区医院、卫生院床位数

资料来源：根据中国革命老区大数据平台计算得到。

（四）其他社会保障

其他社会保障可以从各种社会福利收养性单位数和床位数中反映。2017～2021 年东部七省份革命老区各种社会福利收养性单位数如图 2-19 所示。可以看出福建省的各种社会福利收养性单位数遥遥领先于其余六省份，并且在 2020 年达到最大值 1902.56 个，2021 年降至 1753.45 个，仍远超其余六省份，在东部地区位于第一梯队，同时福建省也是东部七省份中仅有的两个实现正增长的省份之一，年均增长率为 4.06% 。广东省虽然降幅也较大，但 2021 年仍然保持在 500 个以上，位于第二梯队。河北省、山东省、浙江省、北京市以及海南省位于第三梯队，其中，河北省是另一个实现正增长的省份，并且其涨幅最大，年均增长率达到 7.34% ；而山东省则是降幅最大的省份，由 2017 年的 1075.79 个降至 2021 年的 206.83 个，排名也由东部第二降至第四，年均增长率低到 -20.19% 。

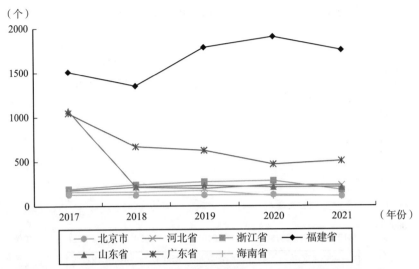

图 2 – 19　2017 ~ 2021 年东部七省份革命老区各种社会福利收养性单位数

资料来源：根据中国革命老区大数据平台计算得到。

图 2 – 20 展示了 2017 ~ 2021 年东部七省份革命老区各种社会福利收养性单位床位数。可以看出，2017 ~ 2021 年，各省的各种社会福利收养性单位床位数普遍呈下降趋势。整个东部地区，只有福建省实现了正增长，由 2017 年的 49813.64 张增至 2021 年的 57503.02 张，增幅达 15.44%，年均增长率达 3.86%。而降幅最大的当属河北省，年均增长率低至 – 15.82%，这主要是由 2019 年的断层式下跌引起的，2019 年的年增长率低至 – 69.07%，一度由 2017 年的东部第一降至东部倒数第二（东部第六），后又有所增长，2021 年位列东部第四。福建省 2017 年位列东部第三，2018 年和 2019 年先后由于前面两名（河北省、山东省）的下跌加上自身的稳定增长，导致排名上升，2019 年成为东部第一，2021 年虽有下降，但仍远高于其余六省份，在东部地区位列第一。海南省始终位于末位，与其余六省的差距较大，2021 年的各种社会福利收养性单位床位数仅为 4282.14 张，不足第一名福建省（57503.02 张）的 7.5%。

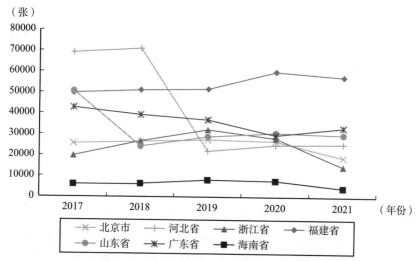

图 2 - 20　2017 ~ 2021 年东部七省份革命老区各种社会福利收养性单位床位数
资料来源：根据中国革命老区大数据平台计算得到。

第三节　东部地区革命老区振兴之路

一、东部地区革命老区发展特征

虽然遭受到 2019 年底爆发的新冠疫情影响，但 2017 ~ 2021 年，东部地区革命老区整体上在经济方面还是取得了一定的进步。东部地区革命老区的地区生产总值由 2017 年的 35379.57 亿元，增长到 2021 年的 37904.23 亿元，涨幅达 7.14%；三次产业增加值也都有上升，第一产业增加值由 3931.59 亿元增至 4811.08 亿元，第二产业增加值由 16225.56 亿元增至 16243.64 亿元，第三产业增加值由 15221.93 亿元增至 16994.74 亿元，同时，产业结构优化也取得一定成果，第二产业增加值在 GDP 中的占比由 45.86% 降至 42.69%，第三产业增加值在 GDP 中的占比由 43.03% 增至 44.66%；年末金融机构各项贷款余额也由 27055.40 亿元增至 32562.44 亿元。地方财政一般预算支出也呈上升趋势，但一般预算收入呈现下降趋势；同样，出口额也呈下降趋势。

但东部七省份革命老区的发展与东部革命老区整体的态势还是略有不

同。2017～2021 年，北京市、广东省、山东省的地区生产总值在这 5 年内都呈下降态势；三次产业增加值也只有浙江省、福建省、海南省同东部地区整体情况一样都呈增长趋势，三次产业增加值占 GDP 比重的变化也只有河北省、山东省、广东省同东部地区整体一样；北京市是唯一一个年末金融机构各项贷款余额出现下降的省份；北京市、福建省、海南省的地方财政一般预算支出也与东部地区整体情况不同，都在 2021 年发生了大幅下降，尤其是北京市，2021 年较上一年降幅高达 66.61%；河北省和浙江省革命老区的地方财政一般预算收入变化与东部地区整体情况不同，都出现了增长，河北省的涨幅甚至达到 36.56%；而福建省也是唯一一个出口额出现增长的省份。

除此之外，东部七省份之间革命老区的发展也存在较大差异。如 2017～2020 年东部七省份革命老区的人均 GDP 表现出明显的断层感，东部第一的北京市革命老区人均 GDP 一直维持在 10 万元以上，而河北省、广东省的人均 GDP 始终在 3 万元至 4 万元之间；2020 年东部第一北京市的城镇居民人均可支配收入为 5.48 万元，而末位的广东省的城镇居民人均可支配收入为 2.91 万元；2017～2021 年的农村居民人均可支配收入中东部七省份革命老区除北京市外都在 2020 年达到最大值，东部第一的浙江省农村居民人均可支配收入达 2.49 万元，是末位河北省（1.42 万元）的 1.75 倍；东部七省份革命老区城乡居民人均可支配收入差（即城镇居民人均可支配收入与农村居民人均可支配收入之差）也存在显著差别，人均 GDP 最高的北京市同样也是城乡居民人均可支配收入差最大的，2020 年北京市革命老区城乡居民人均可支配收入差高达 3.50 万元，甚至超过同年河北省、广东省、海南省的城镇居民人均可支配收入。

截至 2021 年，东部七省份革命老区早已实现全部脱贫，走上了巩固脱贫成果、振兴乡村之路。公路、高速、铁路网逐渐覆盖整个老区县（市、区），村村通宽带，公共卫生事业进一步发展完善，易地搬迁、危房改造、村容村貌的美化……老区的基础设施建设发生了翻天覆地的变化。老区的学校教育也得到进一步发展，教育资源变得丰富，教育手段更加现代化，接受教育的途径更加多样化，受教育权也受到更多的关照，同时高考录取名额向老区倾斜，更多的老区学子能够有机会接受高等教育。在党中央的指导下，各地因地制宜发展特色产业，成功将资源优势转化为产业优势，基础设施条件的改善使得老区人民与外界的联系更加紧密，加之党中央、政府及其他部门出台的一系列政策的支持，越来越多的人选择在老区自主创业，许多中小型企业应运而生，进一步带动老区人民就业、增收。与此同时，老区还利用好自己丰富的红色旅游资源，大力发展旅游业，同时增设公益岗帮助老区人民就业。老区在经济取得重大发展的同时，生态建设也没有落下。最为突出的是河北省的井陉矿区和峰峰矿区，这两座资源日渐枯竭的老工矿区把生态修复作为推动转型升级、实现高质量发展的第一道工序。老区始终秉持着"绿水青山就是金山银山"的理念，大力推进生态系统的保护和修复工程，整治农村人居环境，加强自然保护区建设与管理，在生态方面取得了进一步发展。

二、东部地区革命老区发展存在问题

其一，从各个经济指标的数据中能够明显看出东部七省份革命老区之间的经济发展不平衡，此外，从各省的贫困县、贫困村、贫困人口的数量，以及各省实现全部脱贫摘帽的时间等方面，也都可以看出。

其二，东部各省份革命老区的城乡之间也仍存在着严重的发展不平衡，从先前图 2－6 所展示的 2017～2021 年东部七省份革命老区城乡居民人均可支配收入差中可见一斑。

其三，产业结构还需进一步优化。我国经济发展进入新时代，转向高质量发展阶段，产业结构进一步转型升级，产业结构正在向"三二一"演变，2021 年东部地区革命老区第二、第三产业增加值在 GDP 中的占比分别为 42.69%、44.66%，第三产业在经济发展中的主导地位还需要进一步凸显。

其四，乡村振兴和新型城镇化还需进一步推进。表 2－11 展示了 2017 年和 2021 年东部七省份革命老区的乡村振兴指数和新型城镇化指数，可以看出东部七省份革命老区的乡村振兴指数和新型城镇化指数都呈下降趋势，而降幅最大的分别为广东省和北京市，降幅分别为 61.75% 和 61.94%。

表 2－11　2017 年和 2021 年东部七省份革命老区乡村振兴指数和新型城镇化指数

省份	乡村振兴指数			新型城镇化指数		
	2017 年	2021 年	增长率（%）	2017 年	2021 年	增长率（%）
北京市	44.80	23.50	－47.54	43.59	16.59	－61.94
河北省	28.45	23.94	－15.86	20.97	18.23	－13.07

续表

省份	乡村振兴指数			新型城镇化指数		
	2017 年	2021 年	增长率（%）	2017 年	2021 年	增长率（%）
浙江省	25.66	21.75	−15.26	27.67	16.03	−42.05
福建省	37.81	24.38	−35.52	20.23	16.11	−20.38
山东省	36.28	32.65	−10.01	21.13	14.00	−33.73
广东省	57.85	22.13	−61.75	23.86	14.87	−37.65
海南省	30.67	20.28	−33.87	31.14	16.07	−48.41

资料来源：根据中国革命老区大数据平台计算得到。

其五，人口流入或流出过多对发展起一定负面影响。福建省和海南省革命老区都有着较大的人口流出，可能会面临着劳动力不足、人才流失等问题；而北京市由于其首都的地位则面临着过多的人口流入，面临着交通拥挤、住房紧张、就业压力大、环境污染、公共设施的负担和城市管理的难度增大等问题。

其六，公共文化建设、社会福利收养方面相对缺少重视。2017～2021年，东部七省份革命老区的公共图书馆总藏量、各种社会福利收养性单位数以及床位数大多呈下降趋势，尤其是各种社会福利收养性单位床位数的降幅更大。

三、东部地区革命老区发展展望

一是提高发展质量效益，进一步深化收入分配制度改革，加大对欠发达地区的扶持力度，先富带后富，促进区域协调发展，加快乡村振兴和新型城镇化进程，鼓励发展基础较好的地区率先实现城乡融合发展，推进各类要素在县乡村间自由流动，统筹城乡融合发展，缩小区域及城乡差异，实现共同富裕，同时自然也就可以规避过多的人口流入或流出带来的负面影响。

河北省革命老区可以依托其所处的"首都经济圈"——京津冀城市群进行发展。2023 年 5 月，习近平总书记在河北考察并主持召开深入推进京津冀协同发展座谈会时强调："推动京津冀协同发展不断迈上新台阶，努力使京津冀成为中国式现代化建设的先行区、示范区。"建设京津冀成为现代化的先行区和示范区，需要以高质量、一体化促进京津冀协同发展，需要以都市圈带动京津冀协同发展，需要充分发挥北京市都市圈的经济功能以带动京津冀协同发展。2021年5月，党中央、国务院印发《关于支持浙江高质量发展建设共同富裕示范区的意见》赋予浙江省高质量发展建设共同富裕示范区的光荣使命，浙江省革命老区可以抓住时机，并且借助其省份发展优势以及其所处的长江三角洲城市群，实现共同富裕。福建省革命老区可以抓住闽西革命老区高质量发展示范区获批的机遇，建立"两圈一区三中心"（福州和厦漳泉两大都市圈，闽西革命老区高质量发展示范区，福州、厦门、泉州三大中心城市）的区域协调发展新格局，努力把山区打造成新的增长点。山东省革命老区地处长三角经济圈与环渤海经济圈结合点，沂蒙老区应该利用它的地理优势，把握住临沂这个物流之都的条件优势，带动老区人民共同富裕。2022年11月，广东省政府常务会议强调支持集聚苏区县的梅州全域建设赣闽粤原中央苏区对接融入粤港澳大湾区振兴的发展先行区，加上原本位于粤港澳大湾区的惠州市，广东省革命老区可以进一步依托粤港澳大湾区加快发展。海南省有着特殊且优越的地理位置，2018年习近平总书记在海南省暨海南经济特区30周年大会上郑重宣布，党中央决定支持海南全岛建设自由贸易试验区；2020年6月1日，中共中央、国务院正式公布《海南自由贸易港建设总体方案》，明确海南自由贸易港的实施范围为海南岛全岛。因此，海南省革命老区可以借力海南自由贸易港迈向共同富裕。

二是加快产业结构优化升级，促进新旧动能接续转换，加速工业化和信息化、先进制造业和现代服务业融合发展，推动经济高质量发展。老区在因地制宜发展特色农业的同时，也要注重对传统农业的升级改造，加快数字化转型，发展现代农业。地方政府可以以地方数字农业发展需求为出发点，进一步将老区农村打造成涉农高校、科研院所和职业学校的课外学习、实习基地，开展数字农业相关研究和项目建设，建立数字农业领域的人才培养和实训基地，培养既懂理论又懂实践的复合型人才；并且利用新型职业农民培训、农产品电子商务培训等培训资源，加大对新型职业农民、农村信息员、基层农技人员的培养力度。打造红色文化研学基地，打造劳动教育基地，加大红色旅游资源的开发力度。

三是加大公共文化设施的投入。通过政府及相关部门出资打造社区或农村书屋，后续也可以通过"图书爱心捐赠"来扩充书屋资源，使每个社区或每个村庄的居民都能够便捷地享用公共文化资源以及公共阅读环境。在增设公共实体书店的同时，也需要注重拓展电子图书资源库，在信息化社会，电子书凭借其便携性受到很多人喜爱。因此丰富县（市、区）图书馆的电子图书资源，满足大众电子书的需求，是当今社会公共文化建设必不可少的。公共文化建设中的重要方面应该是革命老区独特的红色文化。文化局等有关部门应该大力挖掘红色历史和红色文化，编制当地红色文化书籍，弘扬红色精神、增强老区人民的文化自信；教育局应携手有关部门对学生开展红色文化教育、革命老区参研学活动等；地方广播、报刊、电视台、公众号等媒体也应该加大对红色文化的介绍、宣传。

四是加大社会福利保障的力度。通过稳固公共福利供应、增强基层民政服务能力、调整社会保障内部结构、夯实家庭照顾能力等方面来优化社会福利保障。提升收养性社会福利单位有偿服务和自我发展能力，除了面向"优抚对象""三无对象"外，还可以收养一些自费人员，从而提高床位资源配置效率。发挥好高配置县域的示范扩散作用，同时在低配置县域尚无法短期内实现跃进的情况下通过高配置县域收养性社会福利单位的资源共享满足区域内群众的需求。还可以鼓励、引导社会资本投入收养服务机构建设，提供非营利收养服务，缓解公办收养性社会福利单位床位资源不足的影响。同时也可以通过提高住房公积金、劳动合同和养老保险的覆盖面，加大对残障人和老年人等其他低收入群体的帮扶力度，来减少对社会福利收养性单位床位的需求。

第三章

中部地区革命老区振兴发展

第一节　中部地区革命老区发展概况

一、中部革命老区辖区介绍

中部老区是以山西、河南、安徽、湖北、湖南、江西六省份为主体，在土地革命时期、抗日战争时期和解放战争时期进行过革命斗争的区域总和。在我国的革命斗争史上，中部老区发挥了至关重要的作用。土地革命时期，毛泽东等老一辈无产阶级革命家在江西与湖南两省交界处创建了第一个农村革命根据地——井冈山革命根据地，推动了我国革命事业的蓬勃发展。在此基础上，湘赣、湘鄂西、湘鄂、鄂豫皖和晋冀鲁豫等革命根据地相继发展起来。1931 年 11 月，红一方面军在江西瑞金成立中华苏维埃共和国临时中央政府和中华苏维埃共和国中央革命军事委员会，形成了以江西瑞金为中心的中央革命根据地。抗日战争时期，淮北、皖江、鄂豫皖边界、淮南、河南等多地发动群众组织抗日游击队和人民武装，建立起了抗日根据地。社会主义建设时期，以上革命根据地转变成以行政辖区为发展单元的江西老区、湖南老区、湖北老区、安徽老区、河南老区以及山西老区。江西老区是我国革命发展的摇篮，湖南老区则是我国共产党建党、建军和建政的重要策源地，湖北、安徽等老区都为中国的革命斗争做出了突出贡献。如今，中部革命老区共有行政区域土地面积 43.30 万平方公里，是全国陆地面积的 4.51%，涵盖约 471 个区县。

二、中部革命老区分片区介绍

（一）山西革命老区

山西革命老区是晋察冀、晋冀鲁豫、晋绥三大重要抗日根据地的起源地，老区总面积 51333.48 平方公里，是全省总面积的 32.76%，涵盖大同、阳泉、长治、晋城、晋中、忻州 6 个地市的 105 个区县。2021 年，山西革命老区总人口为 904.94 万人，是全省人口的 26%，同比增长 8.22%，其中乡村人口有 762.05 万人，约占老区总人口的 84.21%。2021 年，山西老区年末单位从业人员约 76.83 万人，同比增长约 1%。

在地理环境上，山西老区位于黄河中游东岸、华北平原西面的黄土高原上。东以太行山为界与河北省相邻，西南与陕西、河南隔黄河相望，北以外长城为界与内蒙古自治区相连。地形以山地、丘陵为主，人口多集中在中部盆地及河流谷地区域，气候以温带大陆性季风气候为主。

在自然资源上，山西老区水资源、矿产资源、野生动植物资源丰富。山西省内不仅有自然发源出的多条海河支流，还有黄河干流流经省内，两大流域交汇形成的河网密布于此，带来了丰富的水文优势。此外，山西老区的煤层气、铝土矿等多种资源储量居中国第一，还有多种矿产资源储量位居全国前十，具有丰富的矿产资源储量。在动植物资源方面，山西老区的植被类型和种类丰富，野生药用植物达 1000 多种，具有多种国家级保护动植物，有重要的经济、科学研究价值。

在历史文化上，山西老区是人类和华夏文明最早的发源地之一，是中国古代原始社会的中心，具有墓葬文化、龙壁文化、古建筑文化、戏曲文化等灿烂多元的历史文化。西湾村、西文兴村等山西老区的多个村镇曾被住建部和国家文物局纳入中国历史文化名镇名村。山西老区独特的历史文化与自然环境为其带来了丰富的旅游资源，平遥古城、五台山等景区被选入世界文化遗产名录，还具有多个国家级景区和公园，具有独特的旅游资源优势。

（二）河南革命老区

河南革命老区包括土地革命战争时期的鄂豫皖、鄂豫陕根据地和抗日战争时期的晋冀鲁豫、鄂豫皖湘赣、河南等抗日根据地中现行政归属于河南的部分。河南老区总面积约 48166 平方公里，占全省总面积的 28.84%，分布于安阳、鹤壁、新乡、焦作、南阳、信阳、驻马店、济源 8 个地市的 85 个区县。2021 年约有 2620 万人口，占全省人口总数的 26.51%，同比下降 4.21%，其中乡村人口有 2068.24 万人，约占老区总人口的 78.94%。2021 年，河南老区年末单位从业人员约 150.09 万人，同比下降约 0.87%。

在地理环境上，河南老区东连山东、安徽，西邻陕西，北接河北、山西，南临湖北；地形以平原、盆地和山地为主，属于大陆性季风气候，地跨海河、黄河、淮河、长江四大流域。老区内常发生干旱、洪涝、病虫害等自然灾害，其中以旱、涝两种自然灾害危害最大。

在自然资源上，河南老区的维管植物种类丰富，具有多种国家级珍稀濒危保护植物和省级保护植物；动物种类以节肢动物和鱼类、鸟类为主，多数种类具有重要经济价值，少部分对农、林业生产和人类健康有较大危害。此外，河南老区还有丰富的矿产资源，多种矿产资源储量居首位，栾川、桐柏分别被命名为"中国钼都"和"中国天然碱之都"。

在历史文化上，河南老区与中华文明的起源、文字的发明、朝代的变迁有着密不可分的关系，多个朝代曾建都或迁都河南，给这片土地孕育了丰厚的文化遗产。河南老区以中原文化为主干，孕育了神龙文化、汉字文化、姓氏文化、武术文化等博大精深的文化瑰宝。

（三）安徽革命老区

安徽革命老区包括土地革命战争时期的鄂豫皖根据地和抗日战争时期的鄂豫皖湘赣、淮南、淮北、皖江抗日根据地现属安徽行政区划部分。安徽老区总面积约 36256.09 平方公里，占全省总面积的 25.88%，分布于淮南、铜陵、安庆、六安 4 个地市的 62 个区县。2021 年约有 1250.14 万人口，占全省人口总数的 20.45%，同比增加 0.01%，其中乡村人口有 1161.61 万人，约占老区总人口的 92.92%。2021 年，安徽老区年末单位从业人员约 42.69 万人，同比下降约 0.30%。

在地理环境上，安徽老区地处中国华东地区，安徽省中部，大部分地区在淮河以南并以合肥为中心四散分布。地形以平原和丘陵为主；气候在淮河以北属暖温带半湿润季风气候，淮河以南属亚热带湿润季风气候。六安、淮南地处淮河流域，另有长江干流流经安庆与铜陵两地，水利条件良好。

在自然资源上，安徽老区内有数种粮食作物和经济作物，盛产油、棉、麻、茶等大宗农副产品。树种资源种类繁多,野生植物资源分布广、藏量丰、经济价值高。安徽老区独特的地形气候条件为鸟类提供了良好的栖息环境,老区内有种类繁多的鸟类及鱼类动物,有多种名贵及国家级保护动物品种。老区所处地区为地壳运动活跃区,矿产资源丰富,其中六安的钼矿储量达220万吨,居世界第二、亚洲第一,其他铁矿、建筑砂石等资源也极为丰富。

在历史文化上,安徽老区是淮河文化、皖江文化的重要发祥地,具有庐剧、大别山名歌、舒席制作技艺、六安瓜片制作技艺等多项非物质文化遗产项目,铜陵还是中国青铜文化及桐城派文化的发祥地。此外,老区具有天堂寨、天柱山等多个国家级风景名胜区,旅游资源丰富。

(四) 湖北革命老区

湖北革命老区是中国革命老区的重要组成部分。第二次国内革命战争时期的10多个著名的革命根据地中,涉及湖北的就占1/3,即鄂豫皖、湘鄂赣、湘鄂西、湘鄂川黔、鄂豫陕5个革命根据地。这些根据地分布在湖北全省,与豫、皖、湘、赣、川、黔、陕七省边界紧密相连,形成星罗棋布之势。抗日战争时期,荆楚大地燃遍了抗日烽火,以湖北为中心,地跨鄂、豫、皖、湘、赣五省的敌后抗日根据地相继建立,并最终形成鄂豫边区,是中原地区抗日战争的中流砥柱。解放战争中,在大江南北、汉水两岸、大别山和大洪山等地区,又开辟了大片解放区。湖北老区总面积约96174.13平方公里,占全省总面积的51.73%,分布于武汉、宜昌、襄阳、孝感、荆州、黄冈、随州、恩施、仙桃、潜江、天门11个地市的73个区县。2021年约有3037.18万人口,占全省人口总数的52.10%,同比增加7.51%,其中乡村人口有2458.29万人,约占老区总人口的80.94%。2021年,湖北老区年末单位从业人员约300.77万人,同比增加约0.50%。

在地理环境上,湖北老区地处中国中部地区,东邻安徽,西连重庆,南接湖南、江西;地形以山地、丘陵为主,地势高低相差悬殊;多数地区属亚热带季风性湿润气候,光能充足,热量丰富。

在自然资源上,湖北老区河网密布,内部除有长江、汉江干流外,还具有汉水、沮水等多条长江支流,处于我国地势第二阶梯向第三阶梯过渡的独特位置使该地区具有较大的水利优势,丹江口水库是南水北调中线工程的核心水源区和水资源净调出区。湖北老区具备百余种国家重点保护野生植物,是"活化石"水杉的原产地,利川市具有"中国水杉之乡"的称号。动物

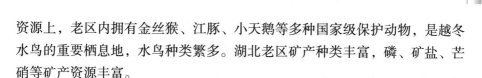

资源上，老区内拥有金丝猴、江豚、小天鹅等多种国家级保护动物，是越冬水鸟的重要栖息地，水鸟种类繁多。湖北老区矿产种类丰富，磷、矿盐、芒硝等矿产资源丰富。

在历史文化上，湖北老区以"荆楚文化"为历史代表文化，还孕育有青铜文化、漆器文化等，拥有汉绣、楚剧、黄梅戏等民间艺术，以及神农架风景区、三峡人家风景区、恩施大峡谷等名胜风景地。

（五）湖南革命老区

湖南省在历史上是中国革命的重要策源地之一，在土地革命战争和抗日战争时期，湖南有许多县（市）分别隶属于当时的井冈山、湘赣、湘鄂赣、湘鄂西、湘鄂川黔等根据地和湘鄂赣、湘赣、湘南游击区的范围。目前，湖南老区总面积约 89111.57 平方公里，占全省总面积的 42.07%，分布于长沙、株洲、岳阳、常德、张家界、郴州、怀化、娄底、湘西 9 个地市的 66 个区县。2021 年约有 2046 万人口，占全省人口总数的 30.90%，同比增加 7.89%，其中乡村人口有 1874.15 万人，约占老区总人口的 91.60%。2021 年，湖南老区年末单位从业人员约 97.40 万人，同比下降约 2.29%。

在地理环境上，湖南老区处于长江中游，西接贵州，东邻江西，北与湖北隔长江相望；地形上张家界、湘西、怀化、郴州等地以山地为主，其余地区以丘陵、平原为主；气候属亚热带季风湿润气候，光、热、水资源丰富。

在自然资源上，湖南老区以湘江、资水、沅江、澧水四大水流为骨架，共同汇入北边的洞庭湖，与长江接壤形成洞庭湖水系。湖南老区的植被以亚热带常绿阔叶林为主，拥有种类多样的森林与湿地生态系统，具有极高的生态服务价值。老区动物资源同样丰富多样，拥有华南虎、云豹等多种国家一级保护动物，是全国乃至世界珍贵的生物基因库之一。

在历史文化上，湖南老区以"淳朴重义""经世致用"的基本精神构成了湖湘文化。老区拥有数个国家级非遗代表性项目，拥有张家界武陵源、岳阳楼等国家级景区以及长沙、岳阳等国家级历史文化名城。

（六）江西革命老区

江西省革命老区包括土地革命战争时期的井冈山、中央、闽浙赣、湘鄂赣根据地和抗日战争时期的鄂豫皖湘赣抗日根据地现属江西行政辖区部分。江西老区总面积约 111952.91 平方公里，占全省总面积的 67.08%，分布于萍乡、九江、新余、鹰潭、赣州、吉安、宜春、抚州、上饶 9 个地市的 80 个区县。2021 年约有 2596.16 万人口，占全省人口总数的 57.48%，同比增加 0.43%，其中乡村人口有 1952.85 万人，约占老区总人口的 75.22%。2021 年，江西老区年末单位从业人员约 112.80 万人，同比增加约 0.02%。

在地理环境上，江西老区位于长江中下游南岸，东邻浙江、福建，南连广东，西靠湖南，北接安徽、湖北；地形以丘陵、山地为主；气候为亚热带温暖湿润季风气候，利于喜温的亚热带经济林木生长。

在自然资源上，江西老区地下矿藏丰富，其中铜、钨、银、钽、铱等矿产资源储量居全国前三位。江西老区具有较丰富的地热水及矿水资源，宽广的水域和中国第一大淡水湖——鄱阳湖给江西老区提供了充足的水源。此外，江西老区拥有百余种珍稀、濒危中国特有树种，有闻名世界的水鸟越冬地鄱阳湖，生态资源丰富。

在历史文化上，江西老区孕育有红色文化、山水文化、商业文化、中医药文化等特色文化以及临川文化、客家文化等地域文化。江西老区拥有九江名胜风景区、上饶铅山武夷山等世界文化遗产地，具有赣州、瑞金等历史文化名城，历史丰厚，文化多元。

第二节　中部地区革命老区具体发展状况

一、经济发展

（一）GDP 与人均 GDP

从地区生产总值来看，2017 年和 2021 年中部六省革命老区地区生产总值分别为 44535.33 亿元和 52660.64 亿元，分别占全国生产总值的 5.35% 和 4.58%，总体经济建设取得一定成效，六省 GDP 总额与年均增长率见表 3-1。具体而言，中部地区各省份革命老区的 GDP 总量在 2017~2021 年平稳上升但总体差异较大。其中，湖北省革命老区的地区 GDP 总量始终排名第一，随后分别是江西、湖南、河南、山西、安徽。在此期间，排在首尾的湖北省与安徽省革命老区 GDP 总量始终相差约 3 倍，安徽、山西等地的革命老区仍有充足的经济增长空间。从年均增速视角看，5 年间增速最快的是山西省革命老区，GDP 年均增长率达到 8.46%，超过了全国 GDP 的平均增速 8.41%，经济建设效率高，但较低的经济总量基础决定了该地区仍需保持经济的平稳快速发展。与之不同的是，江西省革命老区在经济总量较高的水平上保持了较快的平均增速，5 年间 GDP 的平均增速达 5.84%，该地区在 2017～2021 年间经济总量建设成效较好。其余省份革命老区的年均增速均低于 5%，河南省增速最慢，仅有 2.73%。

表 3-1　　　　　2017～2021 年中部六省份革命老区 GDP 及年均增速

省份	2017 年（亿元）	2018 年（亿元）	2019 年（亿元）	2020 年（亿元）	2021 年（亿元）	年均增速（%）
湖北省	11763.23	12810.62	14566.02	13788.04	13425.13	3.36
江西省	9253.09	9867.92	10606.07	11065.79	11613.10	5.84
湖南省	8438.81	8977.45	9429.31	9828.69	9552.53	3.15
河南省	8322.47	8887.43	9473.58	9411.00	9268.38	2.73
山西省	3850.06	4349.23	4307.69	4492.79	5326.84	8.46
安徽省	2907.68	3121.16	3320.82	3346.19	3474.66	4.55

资料来源：中国革命老区大数据平台。

从人均地区生产总值来看，中部六省革命老区在 2017～2021 年间的人均 GDP 如图 3-1 所示。分析图 3-1 可知，六省革命老区的人均 GDP 远落后于全国人均 GDP，2021 年中部六省革命老区的人均 GDP 分别为山西省 56538.41 元、安徽省 26412.36 元、江西省 41983.59 元、河南省 34815.81 元、湖北省 40680.91 元、湖南省 43196.37 元，仅相当于全国人均 GDP 的 69.48%、32.46%、51.60%、42.79%、50.00%、53.09%。2017～2021 年山西省革命老区的人均 GDP 始终居于首位，从 2017 年的 40604 元增长到 2021 年的 56538 元，其增速也明显快于其余五省。其余五省革命老区的人均 GDP 整体虽呈上升趋势，但增长幅度在 2019 年后较慢甚至出现负增长。特别值得注意的是安徽省革命老区，不仅经济增加值不高，人均 GDP 也落后于其余五省。因此，中部地区革命老区特别是安徽省革命老区需继续加强经济建设，在保持经济总量平稳增长的基础上提高人均 GDP 水平。

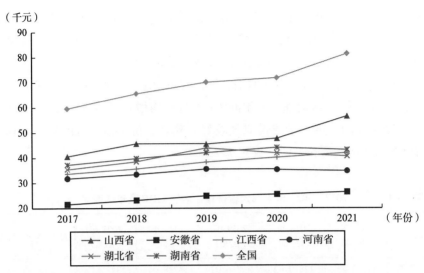

图 3 – 1　2017～2021 年中部六省革命老区人均 GDP

资料来源：中国革命老区大数据平台。

　　从各省的地级市水平来看（见表 3 – 2），2021 年江西新余、湖南长沙、湖北宜昌三个地级市革命老区的人均 GDP 超过全国平均水平，分别是全国人均 GDP 的 1.14 倍、1.34 倍、1.18 倍，其余多数地级市远未达到全国人均水平。在年均增速上，多数地级市革命老区的人均 GDP 年均增速达到或超过全国平均水平。但值得注意的是，江西萍乡、新余；湖南常德、张家界；安徽铜陵；河南安阳、鹤壁、焦作、济源；湖北武汉、随州、仙桃、潜江、天门等地级市的人均 GDP 在 5 年间表现出负增长趋势。2017 年和 2021 年中部六省地级市革命老区人均 GDP 及排名详见表 3 – 2。

表 3 – 2　2017 年和 2021 年中部六省地级市革命老区人均 GDP 及排名 单位：万元

革命老区	地级市	2017 年	2021 年	排名	革命老区	地级市	2017 年	2021 年	排名
江西	萍乡	4.89	4.12	19	江西	吉安	2.99	3.93	21
	九江	1.91	3.26	31		宜春	3.41	4.13	18
	新余	11.31	9.25	3		抚州	2.84	3.97	20
	鹰潭	5.21	7.47	5		上饶	3.02	4.41	16
	赣州	2.67	3.54	26	山西	大同	1.29	2.29	44

续表

革命老区	地级市	2017年	2021年	排名	革命老区	地级市	2017年	2021年	排名
山西	阳泉	3.89	3.87	22	湖南	岳阳	2.30	3.25	32
	长治	4.69	6.66	7		常德	5.25	5.11	13
	晋城	5.34	7.71	4		张家界	3.27	2.72	41
	晋中	3.57	6.06	9	安徽	淮南	0.51	0.55	47
	忻州	2.25	3.09	36		铜陵	2.48	2.39	43
河南	安阳	4.54	4.26	17		安庆	2.75	3.67	24
	鹤壁	6.72	5.73	11		六安	1.94	2.22	45
	新乡	3.51	3.70	23	湖北	武汉	6.58	3.53	27
	焦作	6.88	5.49	12		宜昌	6.64	9.58	2
	南阳	2.43	3.14	35		襄阳	5.45	6.82	6
	信阳	2.50	2.94	38		孝感	3.20	3.66	25
	驻马店	2.37	2.90	39		荆州	2.99	3.33	28
	济源	7.86	5.87	10		黄冈	2.68	3.26	30
湖南	长沙	8.75	10.92	1		随州	3.74	3.30	29
	郴州	2.33	3.04	37		恩施	1.99	3.24	33
	怀化	1.95	2.65	42		仙桃	5.64	4.47	15
	娄底	1.51	2.06	46		潜江	5.52	4.84	14
	湘西	1.94	2.72	40		天门	4.00	3.23	34
	株洲	4.50	6.12	8	全国		5.96	8.14	

资料来源：中国革命老区大数据平台。

　　根据表3-2，2021年中部六省地级市革命老区中，人均GDP排在前十位的地级市分别为：湖南长沙、湖北宜昌、江西新余、山西晋城、江西鹰潭、湖北襄阳、山西长治、湖南株洲、山西晋中、河南济源。排在后十位的地级市分别为：河南信阳、河南驻马店、湖南湘西、湖南张家界、湖南怀化、安徽铜陵、山西大同、安徽六安、湖南娄底、安徽淮南。2021年排名前十位的地级市革命老区人均GDP分别是排名后十位的3.72倍、3.30倍、3.40倍、2.84倍、2.82倍、2.85倍、2.91倍、2.76倍、2.95倍、10.68

倍。从各地级市革命老区人均 GDP 的排名不难看出，安徽省四个地级市革命老区的人均 GDP 水平排名都比较靠后，整体经济水平与中部其他五省差距较大。而湖南省除长沙、株洲、常德三地革命老区的人均 GDP 排名靠前外，其余六个地级市革命老区的排名都在三十名之后，这意味着湖南省内革命老区的人均 GDP 发展呈两极分化态势，应充分发挥长沙、株洲等地市的辐射带动作用，以促进省内革命老区的经济平衡发展。

（二）三大产业发展

从三次产业总产值来看，中部六省革命老区第一产业总产值从 2017 年的 5791.46 亿元增加到 2021 年的 7198.64 亿元；2021 年第二产业总产值为 22339.82 亿元，比 2017 年增加 6.91%；2021 年第三产业总产值为 22970.10 亿元，比 2017 年增加约 5.24 亿元，5 年间中部六省革命老区三次产业增加值都有不同程度的增长，其在 2017 年与 2021 年的三大产业总产值见表 3-3。根据三次产业构成横向比较发现，中部六省革命老区以第二、第三产业为支柱产业，第二、第三产业总产值占地区生产总值的 85% 以上。2017~2021 年期间，第二产业占比下降了 4.5%，第三产业占比增加 3.8%，产业结构转型升级初见成效。

表 3-3   2017 年与 2021 年中部六省革命老区三大产业总产值   单位：亿元

省份	2017 年			2021 年		
	第一产业	第二产业	第三产业	第一产业	第二产业	第三产业
山西省	190.36	2020.21	1639.49	289.91	3267.74	1782.83
安徽省	469.25	1398.17	1038.93	522.10	1472.23	1473.67
江西省	1079.36	4382.41	3811.71	1255.01	4984.81	5337.88
河南省	1132.39	3995.42	3194.66	1445.52	3924.54	3890.44
湖北省	1972.21	5395.28	4260.68	2380.50	4927.23	6033.28
湖南省	947.89	3704.59	3786.33	1305.60	3763.26	4452.00
总计	5791.46	20896.08	17731.79	7198.64	22339.82	22970.10

资料来源：中国革命老区大数据平台。

　　图 3－2 ～图 3－7 展示了 2021 年中部六省革命老区三大产业总产值的占比情况，基于六个省份具体分析，2017 ～ 2021 年期间中部六省革命老区产业结构调整呈现以下结果：湖南省革命老区领先其余五省，已于 2017 年实现第三产业为主导的产业结构，并在之后的几年逐步扩大第三产业与第二产业的差距；江西省、湖北省革命老区产业结构转型成果显著，两地均在 2019 年完成了第二产业领先向第三产业领跑的转变；河南省与安徽省革命老区也持续发力，到 2021 年两地第三产业总产值基本赶上第二产业总产值；而山西省革命老区的第三产业始终落后于第二产业，甚至在 2021 年的总产值占比大幅下降，原因在于其所属的阳泉市革命老区第三产业总产值较 2017 年下降了约 56.84 亿元，直接拉低了该省革命老区第三产业的增长。综上分析，中部六省革命老区正处于产业结构转型升级的初步探索阶段，以湖南省为代表的多地革命老区产业结构转型已取得较好成效，而山西省革命老区在产业结构调整上任重道远，需结合自身产业发展现状，借鉴它省产业结构转型的经验，因地制宜地进行产业结构调整转型。

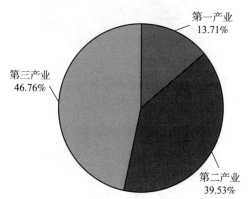

图 3－2　2021 年湖南省革命老区三次产业总产值占比

资料来源：根据中国革命老区大数据平台数据计算得到。

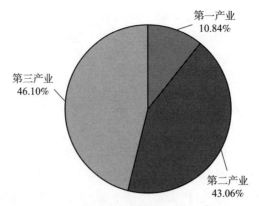

图 3-3　2021 年江西省革命老区三次产业总产值占比

资料来源：根据中国革命老区大数据平台数据计算得到。

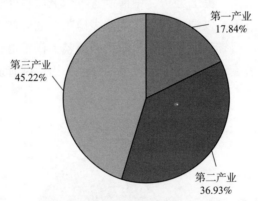

图 3-4　2021 年湖北省革命老区三次产业总产值占比

资料来源：根据中国革命老区大数据平台数据计算得到。

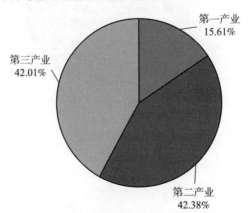

图 3-5　2021 年河南省革命老区三次产业总产值占比

资料来源：根据中国革命老区大数据平台数据计算得到。

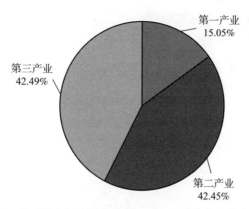

图3－6　2021年安徽省革命老区三次产业总产值占比

资料来源：根据中国革命老区大数据平台数据计算得到。

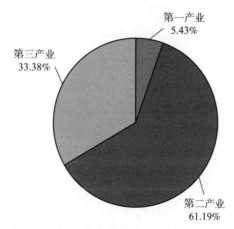

图3－7　2021年山西省革命老区三次产业总产值占比

资料来源：根据中国革命老区大数据平台数据计算得到。

（三）城乡居民人均可支配收入

在城乡居民人均可支配收入方面，2017～2021年期间，中部六省革命老区的城镇居民人均可支配收入与农村居民人均可支配收入均呈现先增后降的趋势，受新冠疫情的影响，2021年各地区城乡居民人均可支配收入降幅明显，5年间各地城乡居民人均可支配收入差距详见图3－8。可以看出：中部六省革命老区的城镇与农村居民人均可支配收入的差距在10000～20000元的区间内波动，除安徽省外，其他五省城乡收入差距均呈先增后降趋势，整体有所下降。中部六省革命老区的城乡收入差距变化说明了城镇地区与农村地区的贫富差距正在缩小，但差距仍在10000元以上的事实表明各地的革命老区应继续促进城乡经济发展，特别是要大力支持乡村振兴，朝着实现共同富裕的目标而不懈努力。

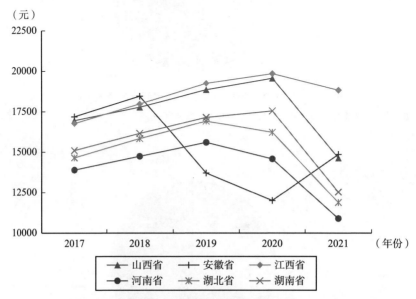

图 3-8　2017～2021 年中部六省革命老区城镇与农村地区人均可支配收入差距
资料来源：根据中国革命老区大数据平台数据计算得到。

同时，城镇与农村居民的人均可支配收入与全国水平相比差异明显。2017～2020 年期间，除湖南省长沙市的革命老区外，其余革命老区的城镇居民人均可支配收入未及全国水平。而农村方面，江西省的萍乡、新余、鹰潭等地，河南省的安阳、鹤壁、新乡、焦作等地，湖北省的武汉、襄阳、孝感、仙桃、潜江等多地以及湖南省的长沙、株洲、常德等地的革命老区农村居民人均可支配收入均高于全国水平。相较于全国农村地区，中部革命老区农村地区的经济建设成效显著，人均可支配收入的提高改善了农村居民的生活水平，但同时需要意识到的是，农村与城镇居民人均可支配收入之间的差距仍然存在。与前 4 年情况不同，2021 年中部六省革命老区中绝大多数地级市的城乡居民人均可支配收入相比去年有较大降幅，前面提到的地级市农村居民人均可支配收入降低至全国平均水平以下，中部六省革命老区中城乡可支配收入排名前十位与后十位的地级市详见表3-4。在2021年各地级市城乡居民人均可支配收入大幅下降的情况下，城镇排名前十位的地级市人均可支配收入分别是农村排名前十位的1.68倍、1.96倍、2.11倍、2.14倍、2.17倍、2.17倍、2.17倍、2.17倍、2.12倍、2.13倍，城镇排名后十位的地级市人均可支配收入分别是农村排名后十位的2.76倍、2.84倍、2.83倍、2.88倍、2.73倍、2.70倍、2.69倍、2.63倍、2.20倍、3.03倍，地级市城镇与农村人均可支配收入差距随着排名下降而上升。另通过比较可知，中部六省革命老区中湖南长沙、湖南株洲、江西新余、江西萍乡以及河南安阳五地的城镇与农村居民人均可支配收入均位列前十，而湖南娄底、湖南岳阳、湖南张家界、安徽淮南四地的城乡居民人均可支配收入都处于后十名以内，可见湖南省内部革命老区人均可支配收入发展极不均衡，此结果与人均GDP的分析结果相吻合，湖南省应在充分评估所辖革命老区实际发展的基础上，协调各部门资源有倾向性地支持落后地区发展。

表3-4　　　　2021年中部六省革命老区城乡居民人均可
支配收入前十位与后十位地级市
单位：万元

城镇				农村			
前十位		后十位		前十位		后十位	
长沙	3.78	随州	2.10	长沙	2.25	恩施	0.76
鹰潭	3.35	信阳	2.10	株洲	1.71	郴州	0.74
安阳	3.22	孝感	2.08	新余	1.52	忻州	0.74
新余	3.21	怀化	2.06	潜江	1.50	湘西	0.72
株洲	3.20	济源	1.94	安阳	1.47	娄底	0.71
上饶	3.18	岳阳	1.91	仙桃	1.46	大同	0.71
萍乡	3.14	娄底	1.90	荆州	1.45	晋中	0.70
襄阳	3.12	张家界	1.84	萍乡	1.44	岳阳	0.70
宜春	2.99	武汉	1.49	焦作	1.41	张家界	0.68
吉安	2.96	淮南	1.07	鹤壁	1.39	淮南	0.35
全国		4.74		全国		1.89	

资料来源：中国革命老区大数据平台。

(四) 地方财政一般预算收支

中部六省革命老区 2017 年、2019 年与 2021 年的地方财政一般预算收支情况详见表 3 - 5。2017 ~ 2021 年期间，山西省、河南省的革命老区地方财政一般预算收入呈稳定上升趋势，湖南省革命老区则呈波动上升趋势，安徽省、江西省、湖北省的革命老区地方财政一般预算收入呈波动下降趋势。在地方财政一般预算支出方面，六省走势大致相同，在前四年均稳定上升，而在 2021 年有不同程度的下降。受两者影响，各地政府财政赤字情况随年份增加有不同程度的变化，六省革命老区政府财政赤字在五年间的变化如图 3 - 9 所示。结合图 3 - 9 和前文分析可知，安徽省与山西省革命老区的经济基础较为落后，因此政府财政一般预算收支额度也有限。在自身经济基础落后的情况下，老区政府应基于目前实际发展情况与社会环境的变化，持续贯彻落实党中央、国务院关于积极的财政政策要更加积极有为的要求，在预算收支合理可控的范围内，加大逆周期调节力度，挖掘增收节支潜力，因地制宜发展特色产业，助力产业结构优化升级，促进经济高质量发展。另外，山西省、江西省、河南省、湖北省的地方政府财政赤字前四年逐年上升，而在 2021 年有所下降。安徽省、湖南省的地方政府财政赤字则呈波动上升趋势。这一情况表明，虽然各地在经济基础上存在差异，革命老区各地方政府仍充分发挥"有形之手"的作用，在合理的预算范围内，统筹协调各部门持续稳定发展，并根据经济形势的变化，及时调整完善预算收支安排，保持财政稳定运行。

表 3 - 5　　　　**2017 年、2019 年、2021 年中部六省革命**
老区地方财政一般预算收支　　　　　单位：亿元

省份	地方财政一般预算收入			地方财政一般预算支出		
	2017 年	2019 年	2021 年	2017 年	2019 年	2021 年
山西省	222.47	273.85	363.98	621.48	775.85	795.86
安徽省	209.40	255.88	185.91	642.90	747.04	703.47
江西省	791.51	776.87	772.37	1979.55	2557.46	2420.78
河南省	332.47	443.86	457.73	1201.23	1541.46	1375.71
湖北省	644.12	673.69	531.08	1839.05	2187.31	1984.24
湖南省	334.89	550.52	405.68	1442.84	1736.54	1642.58

资料来源：中国革命老区大数据平台。

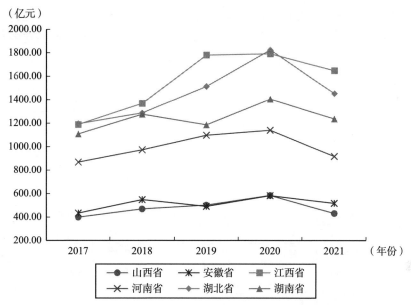

（亿元）

图 3 - 9　2017～2021 年中部六省革命老区政府财政赤字情况
资料来源：中国革命老区大数据平台。

分地市看，湖北武汉这一革命老区在 2017～2020 年的地方财政保持盈余，且盈余不断扩大，而在 2021 年由盈余转为赤字。其余地级市革命老区的地方财政在五年间均为赤字。2021 年中部六省革命老区中财政赤字排名前十位的地级市分别是：江西赣州、河南信阳、湖北黄冈、江西吉安、湖南常德、湖北恩施、安徽安庆、河南驻马店、湖北荆州、湖南湘西。其中，湖北恩施与湖南湘西两革命老区的财政赤字率超过 20%。2021 年中部老区财政赤字排名后十位的地级市分别为：江西九江、山西阳泉、湖北潜江、安徽铜陵、河南焦作、江西新余、河南鹤壁、湖北武汉、河南济源、安徽淮南。2021 年中部地市革命老区财政赤字与财政赤字率排名前十位与后十位情况详见表 3 - 6。通过比较可知，2021 年财政赤字较高的恩施与湘西两地革命老区在财政赤字率上也排名前列，河南鹤壁、河南焦作、湖北潜江、湖北武汉、江西新余、河南济源等地财政赤字率较低，保持在 5% 及以下，财政赤字排名也靠后。另外值得注意的是，安徽铜陵的财政赤字整体水平不高，在中部地市革命老区中排名后十位，但其财政赤字率高达 20%，在中部地市革命老区中排名前列。山西大同、山西忻州、湖南娄底、湖南张家界等地市也存在相似的情况。这些地市本身经济基础较弱，政府仅依靠本地税收等财政收入来源进行资源的再分配以及经济周期的逆调节，很容易导致较高的财政赤字。因此，中部各省应重视省内革命老区特别是经济基础薄弱的革命老区发展，在财政转移支付上向经济基础薄弱的革命老区倾斜，以供地方财政部门统筹协调。

表3－6　　2021年中部地市革命老区财政赤字与财政赤字率前十位与后十位

财政赤字（单位：亿元）				财政赤字率（单位:%）			
前十位		后十位		前十位		后十位	
赣州	582.30	九江	41.08	大同	37.57	鹰潭	5.68
信阳	375.08	阳泉	41.06	湘西	28.72	襄阳	5.55
黄冈	338.83	潜江	39.93	忻州	23.90	鹤壁	5.49
吉安	328.78	铜陵	37.08	怀化	23.87	焦作	4.95
常德	290.64	焦作	31.57	娄底	23.12	潜江	4.68
恩施	284.40	新余	31.05	恩施	21.84	晋城	3.90
安庆	277.44	鹤壁	29.63	抚州	19.90	武汉	3.88
驻马店	271.15	武汉	28.54	铜陵	19.70	长沙	3.68
荆州	256.33	济源	19.30	张家界	19.15	新余	3.16
湘西	227.52	淮南	10.91	郴州	19.07	济源	2.53

资料来源：中国革命老区大数据平台。

（五）金融机构存贷款余额

金融机构存贷款余额是衡量各省金融发展水平的重要指标，以年末金融机构贷款余额为例，中部六省革命老区在2017～2021年的年末金融机构贷款余额保持稳定上升趋势，2021年，六省份革命老区年末金融机构贷款余额分别为：江西省11300.90亿元、湖北省8970.28亿元、湖南省6825.70亿元、河南省5322.76亿元、安徽省3466.16亿元、山西省2723.06亿元，各省革命老区的金融发展水平有明显提升，五年间中部六省革命老区金融机构贷款余额及其增速详见表3－7。表现在增速方面，六省份革命老区在5年间的平均增速呈现"高、中、低"三档分层现象，江西省与湖南省年末金融机构贷款余额平均增速排名前列，处于15%的水平；安徽省与湖北省年末金融机构贷款余额平均增速处于12%的中等水平；而山西省与河南省年末金融机构贷款余额平均增速仅为7%，发展速度较慢。此外，年末金融机构贷款余额占GDP的比重如图3－10所示，从图中明显看出安徽和江西两省在2017年的占比分别为69.49%和75.66%，两省的年末金融机构贷款余额占GDP的比重以高水平基础呈不断上升趋势，到2021年两省的比例分别升高至99.76%和97.31%，如此高的占比表明：安徽与江西两省革命老区的信用贷款是稳定和支撑当地经济的核心力量，但也意味着这些地区的经济发展过于依赖信用贷款这一间接融资方式，单一的融资渠道反作用于经济，给当地的经济发展增添了无形的"枷锁"。金融存在的意义始终是为实体经济服务，经济的发展也不能完全依赖单一的融资渠道，革命老区的各政府部门应重视本地金融的多元化发展，营造良好开放的融资环境，积极引进外资，助力本地企业拓宽融资渠道，稳定发展经济。

表3-7　　2017~2021年中部六省革命老区金融机构贷款余额及增速　单位：亿元

省份	2017年	2018年	2019年	2020年	2021年	同比增速（%）	年均增速（%）
山西省	2062.65	2305.01	2533.20	2645.85	2723.06	3	7
安徽省	2199.95	2512.31	2862.62	3170.25	3466.16	9	12
江西省	6430.36	7634.50	8827.77	10113.14	11300.90	12	15
河南省	4053.29	4558.16	4824.23	5007.78	5322.76	6	7
湖北省	5724.92	6420.38	7356.00	8127.28	8970.28	10	12
湖南省	3907.74	4488.32	5204.53	6119.42	6825.70	12	15

资料来源：中国革命老区大数据平台。

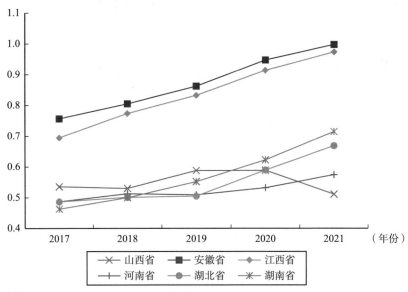

图3-10　2017~2021年中部六省革命老区年末金融机构贷款余额占GDP比重
资料来源：中国革命老区大数据平台。

从地级市角度分析，2017～2021年中部老区中安徽淮南、江西萍乡、江西鹰潭等地年末金融机构贷款余额增长较慢，五年间平均增速为2%，河南鹤壁年末金融机构贷款余额自2020年大幅下降，五年间平均增速为－10%，其余地区年末金融机构贷款余额都有不同程度增长，2021年中部老区年末金融机构贷款余额及其在GDP中占比情况详见表3－8。2021年，中部老区年末金融机构贷款余额排名前十位的地级市分别为：江西赣州4222.79亿元、湖北黄冈2151.11亿元、江西吉安2139.32亿元、河南驻马店1871.10亿元、安徽安庆1748.66亿元、湖南常德1521.78亿元、安徽六安1449.61亿元、湖北恩施1445.27亿元、湖北荆州1327.33亿元、河南信阳1305.99亿元，分别为排在后十位的13.53倍、7.06倍、7.17倍、6.40倍、6.24倍、6.18倍、6.03倍、7.87倍、8.73倍、47.50倍。可以注意到，安徽淮南的年末金融机构贷款余额与其他地区相差较大，与排在其前位的山西大同也相差4.53倍。在2021年末金融机构贷款余额占GDP的比重方面，湖南湘西、安徽铜陵、江西赣州、江西抚州、安徽六安、湖北恩施、湖南娄底、湖南张家界、江西吉安等地贷款余额与GDP占比超过100%，贷款融资是当地经济发展的重要资金来源，但也需警惕过于依赖贷款融资带来的信用风险。各地应加强金融风险防范机制，加大金融监管力度，营造良好的投融资环境，以助力各经济生产主体融资问题的解决。

表3－8　　　2021年中部老区年末金融机构贷款余额及其占GDP比重

年末金融机构贷款余额（单位：亿元）				年末金融机构贷款余额/GDP（单位:%）			
前十位		后十位		前十位		后十位	
赣州	4222.79	襄阳	312.00	湘西	159.42	信阳	49.17
黄冈	2151.11	忻州	304.60	铜陵	127.68	南阳	48.98
吉安	2139.32	南阳	298.30	赣州	126.51	潜江	48.17
驻马店	1871.10	九江	292.24	抚州	122.84	鹤壁	45.62
安庆	1748.66	新余	280.37	六安	113.51	长治	44.57
常德	1521.78	鹤壁	246.30	恩施	110.97	襄阳	41.27
六安	1449.61	铜陵	240.39	娄底	103.62	晋城	37.39
恩施	1445.27	武汉	183.70	张家界	102.42	淮南	37.17
荆州	1327.33	大同	152.06	吉安	101.02	新余	28.53
信阳	1305.99	淮南	27.49	忻州	99.60	武汉	24.98

资料来源：中国革命老区大数据平台。

二、老区帮扶

（一）脱贫政策

革命老区及老区人民为我国的革命事业和社会主义建设做出了重大牺牲和突出贡献，然而在一些自然、历史因素的影响下，老区发展未能跟上社会的脚步，逐渐落后于其他地区，革命老区常与"贫困""落后"等词密切关联。为了让曾经的革命故土重焕生机，也为了我国的脱贫事业更进一步，让老区人民过上更加幸福美好的生活，推动革命老区脱贫致富极为必要。国家为此颁布了多项政策，以让革命老区脱贫攻坚的步伐行稳致远。早在2011年7月11日，财政部、国务院扶贫办出台《中央专项彩票公益金支持贫困革命老区整村推进项目资金管理办法》，对项目资金的来源和使用范围，项目申报、审核和资金下达，项目资金管理、项目实施管理、项目验收评价及后续管理做了详细规定，为革命老区的发展注入资金基础。2015年7月2日，财政部印发《革命老区转移支付资金管理办法》，以促进革命老区各项社会事业发展，支持革命老区改善和保障民生。2015年11月29日，中共中央、国务院出台《关于打赢脱贫攻坚战的决定》，其中明确说明"重点支持革命老区、民族地区、边疆地区、连片特困地区脱贫攻坚。出台加大脱贫攻坚力度支持革命老区开发建设指导意见，加快实施重点贫困革命老区振兴发展规划，扩大革命老区财政转移支付规模。"2016年2月1日，中共中央办公厅、国务院办公厅印发了《关于加大脱贫攻坚力度支持革命老区开发建设的指导意见》，进一步加大扶持力度，加快老区开发建设步伐。

除了对革命老区的脱贫事业制定纲领性政策外，国务院、发改委等还出台了专项政策以支持中部革命老区的发展。2012年6月28日，国务院印发《国务院关于支持赣南等原中央苏区振兴发展的若干意见》文件，从民生、农业、城乡统筹、基础设施建设、优势产业、生态建设、公共服务等方面对赣南地区的振兴发展提出目标与任务。中部其他省份根据国家法律、行政法规的有关规定，陆续出台了支持革命老区振兴发展的相关政策。湖南省于2009年1月1日施行《湖南省扶持革命老区发展条例》，明确了地方政府各部门的任务。湖北、河南等省份相继出台《湖北省促进革命老区发展条例》《河南省革命老区振兴发展促进条例》，从基础设施建设、产业发展促进、公共服务保障、红色基因传承、保障监督机制建立等方面对革命老区的振兴发展予以支持。各地方政府部门在上级政府政策、资金的支持下，从资金支持、民生保障、产业发展、生态建设等方面对本地革命老区的具体发展方向做出了具体部署安排。

在资金支持方面，安徽省对大别山革命老区加大财政扶持力度，从2021年起连续5年，省财政对老区10县（市、区）每年各补助2000万元，支持建立产业发展基金，撬动引入社会资本，支持老区高质量发展，并建立绩效考核机制。在安排革命老区转移支付、分配新增地方政府专项债券额度时，给予大别山革命老区倾斜支持。对于赣南等原中央苏区，中央财政加大均衡性转移支付力度，逐步缩小地方标准财政收支缺口；同时加大中央专项彩票公益金对赣州社会公益事业的支持力度；支持化解赣州市县乡村公益性债务，将公益性建设项目国债转贷资金全部改为拨款；在投资方面加大中央预算内投资和专项建设资金投入，在重大项目规划布局、审批核准、资金安排等方面对赣南等原中央苏区给予倾斜。河南省计划2020~2025年每年单列安排大别山革命老区振兴发展财政转移支付资金不少于5亿元，并逐年增加。同时河南省农信联社印发《河南省农村信用社支持革命老区振兴发展实施意见》，从4个方面提出14条具体举措，计划到2025年末向有革命老区乡镇的县（市、区）投放贷款4000亿元以上，助推河南省革命老区实现全面振兴发展和逐步共同富裕。

在民生保障方面，湖南省出台方案加快建成常益长等高速铁路，尽快开工建设长沙至赣州、铜仁至吉首铁路，规划建设宜昌至常德、石门至张家界、常德经岳阳至九江铁路、安康经恩施至张家界、兴义经永州经郴州至赣州等铁路，畅通跨省通道。山西省针对太行革命老区出台工作计划，加快建设雄安新区—忻州高速铁路，推进长治黎城—平顺—壶关—陵川夺火、北义城—大箕、平遥—沁源—安泽、晋阳高速改扩建等高速公路建设。同时加快构建现代能源体系，开展源网荷储一体化和多能互补示范，遴选实施"新能源＋储能"试点示范项目，推进浑源抽水蓄能电站建设。安徽省深入实施大别山革命老区对外联通通道建设工程以完善综合运输网络，同时加快实施淮河干流正阳关至峡山口段行洪区调整和建设、淮河行蓄洪区居民迁建、寿县九里保庄圩等工程，提升水安全保障能力。在教育方面，积极争取中央奖补资金支持老区学校建设，完善义务教育学校和幼儿园布局，加大中小学幼儿园教师培训力度，实现"国培计划"全覆盖；在就业方面，支持老区公共实训基地建设，持续开展"四进一促"稳就业专项活动，统筹促进重点群体就业。江西省对革命老区落实落细就业优先政策，加大援企稳岗力度，突出抓好高校毕业生、退役军人、农民工等重点群体就业，加强困难群体就业兜底帮扶，千方百计增加居民收入。统筹推进各级各类教育高质量发展，加快国家和省级区域医疗中心建设，创新实施文化惠民工程，促进全民健身运动发展，发展基本养老、普惠托育服务体系，着力提升公共服务均等化水平。河南省着重提升老区医疗卫生服务水平，支持老区每个县重点办好1~2所县级医院，每个乡镇办好1所卫生院，采取多种形式支持村卫生室建设。优先发展教育事业，大力推进义务教育和高中阶段教育，实施学前教育行动计划、全民技能振兴工程和职教攻坚计划，提升办校办学水平。

　　在产业发展方面，湖南省支持革命老区围绕省内工业重点产业，打造先进制造业配套产业链，因地制宜发展电子信息、新材料、新能源、生物轻纺、智能装备等产业。聚焦浏阳烟花、醴陵陶瓷等特色产业，加快产业转型升级，建设国内重要的生产基地。山西省积极发展特色农业产业，加强农田水利和高标准农田建设，扩大忻州杂粮、沁州黄小米、上党党参等品牌影响力，另建设一批现代农业产业园和示范区、农业科技园区、国家级特色农产品优势区和冷链物流基地。安徽省支持大别山革命老区大力发展特色优势产业，重点促进茶叶、中药材产业高质量发展，大力发展油茶、高山蔬菜、畜禽、水产等特色高效种养业，推动品种培优、品质提升、品牌打造和标准化生产，加强和规范农产品质量检验检测中心建设。江西老区深入实施创新驱动发展战略，大力推进鄱阳湖国家自主创新示范区建设，充分发挥中国科学院赣江创新研究院等"国字号"科研平台引领带动作用，加快建设创新型城市和创新型县（市），以科技创新引领产业升级。湖北省支持恩施州建设世界硒都·中国硒谷；做优做强红安苕、黄冈佛手山药、蕲艾、随州香菇、秭归脐橙、洪湖清水蟹、仙桃黄鳝、潜江龙虾、郧西马头羊等知名农产品品牌；推动英山云雾茶、恩施玉露、宜昌毛尖、宜昌宜红茶、利川红、赤壁青砖茶、武当山茶等区域公用品牌建设。同时，各老区充分发挥自身历史文化优势，实施革命文物片区保护利用重点工程，积极推动红色生态旅游发展。湖南省建立湖南红色资源数据库，公布革命文物名录，推进连片保护与整体展示，推出"建党百年红色旅游百条精品线路"。山西省提质升级雁门关、平型关、娘子关、王莽岭等景区，集聚形成北太行、中太行、南太行三个特色旅游片区，推进文旅康养产业融合发展，打响"康养山西、夏养山西"

品牌。河南省大力推动老区特色旅游业，实施大别山革命老区旅游发展专项规划，形成了新县鄂豫皖苏区首府革命博物馆、确山竹沟革命纪念馆等一批红色旅游教育示范基地，建设信阳郝堂、驻马店嵖岈山等一批特色旅游小镇，打造具有大别山特色的"历史红、生态绿"。

在生态建设方面，山西省针对太行革命老区统筹推进山水林田湖草沙一体化保护修复，开展太行山国土绿化行动，突出抓好太行山北部纵深、晋冀交界造林。加强沁河、漳河、滹沱河、大清河等流域生态保护与修复治理。同时推动灵丘、浑源、广灵等固废利用项目纳入大同大宗固废基地建设，加强低碳交通系统建设，大力倡导绿色消费，以促进生产生活方式绿色转型。安徽省大力推进长江、淮河生态廊道和皖西大别山区生态屏障建设，实施大别山重点生态功能区生态系统修复工程。复制推广新安江生态补偿试点经验，进一步完善大别山区水环境生态补偿机制，积极推进地表水断面和空气环境质量生态补偿。江西老区坚持山水林田湖草沙一体化保护和系统治理，大力实施国土绿化、水土保持、生物多样性保护等重点生态工程，加快创建井冈山国家公园。积极稳妥推进碳达峰、碳中和，扎实推进丰城、贵溪、渝水等省级碳达峰试点，创建一批绿色园区、绿色工厂。建立健全生态产品价值实现机制，深入开展东江流域上下游横向生态保护补偿，积极推进抚州全国生态产品价值实现机制创新中心建设，支持赣州、吉安、抚州等地参与全省生态产品信息共享与总值核算平台搭建，鼓励金融机构开展生态资源融资创新，加快推动将生态优势转变为经济优势。河南省依托桐柏—大别山生态屏障、淮河生态走廊，实施了一批林业生态工程；完善淮河流域防护林草体系，实施一批生态保护与修复工程，推动建设淮河生态经济带；制定国家重点生态功能区产业准入负面清单，推动商城县、新县、桐柏县、浉河区、罗山县、光山县纳入国家重点生态功能区。

（二）发展成果

1. 山西省革命老区

党的十八大以来，山西全省58个革命老区贫困县全部摘帽，7993个贫困村全部出列，329万贫困人口全部脱贫，具备条件的建制村全部通了硬化路和客车，190万贫困人口饮水困难问题得到解决，33.3万户农村危房得到改造，3365 个深度贫困自然村全部整村搬迁，47.2 万搬迁人口全部迁入新居①。在农村安置区，配套建设现代农业园区，完善龙头企业带贫益贫机制，让搬迁群众分享产业发展红利。长期困扰老区群众的上学难、看病难等老大难问题普遍得到解决。产业扶贫成果显著，大同市云州区唐家堡村全村种植黄花 4200 亩，人均 2.9 亩，年人均收入 11600 元，农民从过去的"不想种"到现在的"争着种"。现在 58 个脱贫县都培育了 2～3 个特色主导产业。"五有"机制也成功入选全国产业扶贫十大机制创新典型。生态扶贫绿了荒山，富了农民。5 年，58 个贫困县组建造林专业合作社 3378 个，吸纳贫困社员 7 万余人，累计完成造林 1300 万亩，52.3 万贫困人口受益，增收 10 多亿元，走出了一条生态建设与脱贫攻坚互促双赢的路子②。山西革命老区县域经济竞相发展，全省革命老区贫困县农村居民人均可支配收入从 2013 年的 4875 元增长到 2020 年的 10352 元，年均增长 11.4%；建档立卡贫困人口人均纯收入从 2013 年的 2166 元增长到 2020 年的 9729 元，年均增长 23.9%③。

2. 安徽省革命老区

党的十八大以来的十年，安徽省坚持精准扶贫、精准脱贫基本方略，取得了脱贫攻坚的伟大胜利，安徽省贫困人口由 2014 年建档立卡时的 484 万人降至 2019 年底的 8.7 万人，贫困发生率由建档立卡时的 9.1% 降至 2019 年底的 0.16%，年均下降 1.49 个百分点④。在教育方面，新建、改扩建老区公办幼儿园 46 所，总投资 2.3 亿元。支持老区本科高校立项质量工程项目 392 个，增长 170%，将安徽国防科技职业学校纳入"十四五"教育强国推进工程，争取中央预算内资金 0.8 亿元。大力实施"三区人才支持计划""特岗计划"，分别向老区选派 276 名骨干教师和 440 名特岗教师。在医疗方面，安徽省组织省立医院等 15 家省、市级三级甲等医院（含中医医院）对口帮扶老区 23 家县级医院（含中医医院）。加快推动六安市传染病医院、安庆市传染病医院（一期）等项目建设，完成 9 个县级传染病救治能力提升项目。在文化事业方面，统筹安排省级文化强省建设专项资金、中央支持

① 此数据来源于山西新闻网，http：//special. sxrb. com/GB/319132/9864847. html.
② 此数据来源于山西日报，https：//www. shanxi. gov. cn/ztjj/jsqmxk/sxywxk/202105/t20210525_6035634. shtml.
③ 此数据来源于山西新闻网，http：//special. sxrb. com/GB/319132/9864847. html.
④ 此数据来源于人民网，http：//ah. people. com. cn/n2/2020/0429/c358266 - 33984868. html.

地方公共文化服务体系建设资金等 982 万元、项目 23 个。六安市图书馆等 11 家公共场馆被推选为"2022 年度安徽省百佳公共文化空间"。实现县有"四馆"（图文博美）、乡镇（街道）有文化站、村（社区）有文化中心①。

3. 江西省革命老区

江西是全国脱贫攻坚的主战场之一，全省 100 个县（市、区）中，有原中央苏区和特困片区县（市、区）58 个，其中，罗霄山片特困县（市、区）17 个、贫困县（市、区）25 个，贫困县发生率高，贫困程度也比较深。2017 年 2 月，有着"中国革命摇篮"之称的江西井冈山市宣布在全国率先脱贫摘帽，成为中国贫困退出机制建立后首个脱贫摘帽的贫困县（市）。自党的十八大以来，历经八年脱贫，江西 25 个贫困县（区）全部实现脱贫退出，全省贫困人口已从 2013 年度的 346 万人减至 2019 年底的 9.6 万人，贫困发生率降至 0.27%。江西老区人民生活明显改善，贫困人口稳定实现"两不愁三保障"，脱贫民众不愁吃、不愁穿，义务教育、基本医疗、住房和饮水安全有保障②。江西贫困户人均收入由 2014 年的 2654 元（人民币，下同）增至 2020 年的 12626 元，年均增长 30%。江西老区面貌发生巨变，基础设施建设突飞猛进，公共服务质量不断提升，全省 100% 的村民小组通了水泥路，行政村 100% 实现了光纤通达和 4G 网络覆盖，农村电网供电可靠率达到 99.8%，行动难、用电难、通信难等问题得到了历史性的解决③。

4. 河南省革命老区

河南省将加快大别山革命老区振兴发展放到全省发展大局中更加突出的位置，统筹推进老区振兴各项工作。2021 年，河南省境内革命老区 173 万贫困人口全部如期脱贫。2020 年，革命老区信阳、驻马店及南阳桐柏、唐河等地规模以上工业增加值分别增长 4%、4.7%、6.3%、6.2%，均高于全省 3~5 个百分点。在产业发展上，确山县通过创新创业打造了提琴产业，村民们手工制作的各种提琴占据全国 80% 以上的份额，90% 的产品出口到欧美，年产值达 6 亿元。老区产业结构从"二三一"转变到"三二一"，有了历史性突破。其中，驻马店市大力培育食品千亿级产业集群和装备制造、

---

① 此数据来源于人民日报客户端，https://baijiahao.baidu.com/s?id=1749738381713594149&wfr=spider&for=pc.
② 此数据来源于铁军传媒网，http://www.tiejunmedia.com/article/details/id/5841.html.
③ 此数据来源于江西日报，http://fpb.jiangxi.gov.cn/art/2021/11/5/art_27683_3710129.html.

轻纺 2 个 500 亿级产业集群以及 10 个百亿级特色产业集群，农产品加工企业达 1710 家，年产值近 1900 亿元。南阳市桐柏县加快碱硝化工产业绿色发展，逐步形成医药中间体、热电联产等多条循环产业链。在生态旅游上，河南革命老区森林覆盖率达 40%、高出全省近 15 个百分点。其中，信阳的环境及空气质量长期保持全省第 1 位。在大别山腹地的革命老区——河南新县田铺大湾村，这里依托丰富的红色资源和优美环境，每年吸引游客 100 多万人次，年旅游综合收入达到 8500 多万元[①]。

5. 湖北省革命老区

大别山地区是全国 14 个集中连片特困地区之一，湖北黄冈作为大别山片区脱贫攻坚的主战场，红安、罗田、英山、团风、麻城、蕲春等重点贫困县已于 2020 年全部"摘帽"，892 个贫困村全部出列，累计实现 100.56 万贫困人口脱贫[②]。为持续巩固脱贫攻坚成果，2021 年黄冈市通过乡村公益岗位、扶贫车间和以工代赈等帮助脱贫劳动力务工就业 41.35 万人；投入扶贫项目资金 213.6 亿元；协调 4 个中直单位、央企和 55 家省直单位投入帮扶资金 1.35 亿元，帮助引进资金 6.45 亿元，帮销和采购农副产品 3311.6 万元。枣阳市加快县域经济发展，成为大别山革命老区唯一的全国县域经济百强县。在产业发展方面，荆州市 2021 年招商引资亿元以上工业项目 420 个，美的生产基地、华鲁恒升一期等百亿项目全面开工建设。在民生保障方面，荆州市 2021 年投入资金 27 亿元新建、改扩建校舍 150 多万平方米，中心城区中小学布局不断优化。建立市域医联体和 12 个县域医共体，新增国家卫生乡镇 13 个。每千名老人养老床位达到 35 张。在生态环境方面，持续打好"蓝天、碧水、净土"保卫战。恩施州森林覆盖率达到 70.1%，5 个县市成功创建国家级生态文明建设示范区，被授予"国家生态文明建设示范州""中国气候宜居城市"和全国"两山"实践创新基地。[③]

6. 湖南省革命老区

湘鄂川黔革命根据地是 12 块革命根据地中唯一一个横跨四省边境的根据地，老区精准脱贫任务最为艰巨。到 2020 年底，湖南全省 51 个贫困县、

① 此数据来源于中国改革报，http：//www.cfgw.net.cn/epaper/content/202107/08/content_39993.htm.

② 此数据来源于中国乡村振兴百家号，https：//baijiahao.baidu.com/s?id=1684881675498263926&wfr=spider&for=pc.

③ 此数据来源于国家发展和改革委员会，https：//www.ndrc.gov.cn/fggz/dqzx/gglqzxfz/202205/t20220506_1324329.html.

6920 个贫困村全部脱贫摘帽，682 万农村建档立卡贫困人口全部脱贫，绝对贫困和区域性整体贫困全面消除。十八洞村村民人均纯收入由 2013 年的 1668 元增加到 2019 年的 14668 元，村集体经济达到 126.4 万元，成为全国村级精准扶贫样板，为推进革命老区乡村振兴积累了丰富的经验①。炎陵县是井冈山革命根据地核心县、红色革命老区，曾是罗霄山集中连片特殊困难地区。如今，全县种植黄桃 9.5 万亩，年产 6.5 万吨，黄桃全产业链年综合产值达 26.3 亿元。该县实现全面小康，创造了山乡巨变的奇迹。新化县奉家镇盛产红茶，现有茶园 1.7 万亩、规模以上茶企 4 家，茶产业年产值 8500 万元，带动 3500 余人就业增收②。同时以向北、渠江源、上团、下团等村落为核心，打造康养、茶旅、红旅、农旅等旅游景区（点），把丰富的原生态资源和红色资源，转化为推动乡村振兴的拳头产业。

三、社会进步

（一）在校生人数分析

教育系统能为各行各业输送大量的专业技能人才，中小学校更是人才培养的摇篮，一个地区教育事业的进步有利于提升当地人口的综合素质，形成良好的社会氛围，提高居民的幸福感。2017 ~ 2021 年，除湖南省革命老区外其余五省革命老区普通小学在校学生数、普通中学在校学生数、中等职业教育学校在校学生数基本保持稳定或平稳上升，而湖南省革命老区的 3 个指标在 2019 年均有大幅上升，此后的两年又回落至正常水平。2021 年中部六省革命老区三类学校在校学生数及比例关系见表 3 - 9。分析可知，2021 年中部六省革命老区三类学校在校学生总数排名从高到低依次为：江西省 412.24 万人、河南省 365.13 万人、湖北省 315.26 万人、湖南省 270.88 万人、安徽省 126.80 万人、山西省 95.99 万人。其中，江西、河南、湖北三省革命老区的普通中小学在校学生数远多于中等职业教育学校在校生数，前者分别为后者的 27 倍、22 倍、23 倍，山西省革命老区的学生数量基础最低，普通中小学在校学生数仅为江西省的 22.70%。

---

① 此数据来源于湖南省委党史研究院，http://www.hndsyjy.cn/content/2022/04/26/11166931.html.
② 此数据来源于湖南省人民政府门户网站，http://gtj.da.gov.cn/da/gnyw/202204/eb95ed20270c4ddfb25277162f6dca2a.shtml.

表 3 - 9　　2021 年中部六省革命老区三类学校在校学生数及比例关系

省份	普通小学在校学生数（a）（万人）	普通中学在校学生数（b）（万人）	中等职业教育学校在校学生数（c）（万人）	a : b : c
山西省	50.83	39.43	5.73	9 : 7 : 1
安徽省	62.27	51.83	12.70	5 : 4 : 1
江西省	219.31	178.26	14.67	15 : 12 : 1
河南省	203.26	146.00	15.86	13 : 9 : 1
湖北省	170.54	131.24	13.47	13 : 10 : 1
湖南省	145.83	109.66	15.39	9 : 7 : 1

资料来源：中国革命老区大数据平台。

2017～2021 年，湖北省与湖南省革命老区普通小学在校学生数占户籍人口比例有所提升，其余地区该比例有不同程度下降。同一时期，普通中学在校学生数以及中等职业教育在校学生数占户籍人口比例在五年间均呈上升趋势。2021 年中部六省革命老区三类在校学生数占户籍人口比例如表 3 - 10 所示。分析可知，随着教育等级的提升，六省革命老区在校学生数占户籍人口数的比例逐级降低。其中，江西与河南两省的革命老区更注重基层教育，普通小学和普通中学在校生占比靠前，中等职业教育相比于其他省份有所欠缺；相反，安徽与山西两省的革命老区则更注重中等职业教育的人才培养。不管是发展基础教育还是职能教育，各地区更应该注重的是如何将"走出去"的人才重新"引进来"，通过提高优秀人才待遇、完善人才培养机制、建立健全职称评定机制，以留住本地人才并吸引外来人才，方能为当地经济社会的发展注入源源不断的活力。

表 3 - 10　　2021 年中部六省革命老区各级在校学生占户籍人口比例　　单位：人/万人

分类	江西	河南	湖南	山西	湖北	安徽
普通小学在校生占比	792.84	763.55	659.45	539.53	516.78	473.31
普通中学在校生占比	644.44	548.45	495.88	418.53	397.69	394.00
中等职业教育在校生占比	53.04	59.58	69.59	60.78	40.83	96.56

资料来源：中国革命老区大数据平台。

从地级市角度分析，2021年中部老区中每万人在校学生总数排名前十位的地级市分别是：河南新乡1759.88人、河南鹤壁1734.21人、江西赣州1607.03人、河南安阳1591.67人、河南济源1542.90人、河南南阳1528.07人、江西九江1518.00人、湖南郴州1513.75人、江西吉安1509.66人、湖南娄底1451.44人，分别是排名后十位革命老区的1.81倍、1.79倍、1.76倍、1.78倍、1.80倍、1.91倍、1.97倍、2.03倍、2.08倍、2.47倍，2021年中部老区每万人在校学生总数首尾十位及三类在校生比例情况详见表3-11。不难得知，河南与江西革命老区在基础教育上具备人数优势，每万人在校生总数排名前十的地级市中，河南的五个地级市都排名靠前，江西也有三个地级市位列前十。而湖北省多地革命老区每万人在校学生总数较低，在排名后十位的地市革命老区中，湖北省就占了六个地级市，分别是天门、随州、荆州、孝感、宜昌、武汉。从三类在校生比例来看，多数革命老区的在校生数以普通中小学生为主，中等职业教育在校生仅占很少的比例，例如湖南娄底、江西九江、河南新乡等地，其普通中小学在校生数分别约为中等职业教育学校在校生数的49倍、34倍、30倍。

表3-11　　2021年中部老区每万人在校学生总数首尾十位及三类在校生比例

	前十位			后十位	
老区	每万人总在校生（人）	三类在校生比例	老区	每万人总在校生（人）	三类在校生比例
新乡	1759.88	17：13：1	晋城	969.69	7：5：1
鹤壁	1734.21	10：7：1	阳泉	967.94	9：7：1
赣州	1607.03	15：13：1	天门	911.47	18：14：1
安阳	1591.67	13：11：1	随州	893.65	17：13：1
济源	1542.90	5：4：1	荆州	856.77	18：15：1
南阳	1528.07	17：13：1	六安	800.33	6：5：1
九江	1518.00	18：16：1	孝感	770.15	17：12：1
郴州	1513.75	18：15：1	宜昌	745.95	4：3：1
吉安	1509.66	14：11：1	铜陵	726.87	4：5：1
娄底	1451.44	30：19：1	武汉	588.46	11：8：1

资料来源：中国革命老区大数据平台。

（二）公共图书馆藏书量

相应地，在社会文化领域，公共图书馆及其总藏量最能反映当地文化建设成果，属于社会教育的关键环节。2017～2021 年，中部六省革命老区的公共图书馆总藏量整体呈下降趋势，从 2017 年的 31730.96 千册下降至 2021 年的 27990.32 千册，降幅达 11.79%。2017～2021 年中部六省革命老区公共图书馆藏书量详见表 3-12。分析可知，湖南省革命老区的公共图书馆总藏量下降程度最小，2021 年相比 2017 年下降约 200.74 千册。相反，安徽省革命老区的公共图书馆总藏量下降幅度最大，2021 年相比 2017 年下降了 1559.15 千册，是湖南省革命老区的 7.77 倍。其余省份革命老区的公共图书馆总藏量均下降了 400 千册～600 千册。

表 3-12　　　**2017～2021 年中部六省革命老区公共图书馆藏书量**　　单位：千册

省份	2017 年	2018 年	2019 年	2020 年	2021 年
山西省	3634.80	3875.31	3691.87	3258.84	3160.10
安徽省	5637.93	5926.85	5536.78	4075.67	4078.78
江西省	6346.51	6782.63	7031.01	5931.44	5761.68
河南省	4504.18	4849.27	5198.19	3999.62	4040.52
湖北省	7017.76	7102.78	7821.45	6770.60	6560.19
湖南省	4589.79	4971.51	5352.05	4583.50	4389.05
总计	31730.96	33508.35	34631.34	28619.65	27990.32

资料来源：中国革命老区大数据平台。

此外，中部六省革命老区公共图书馆人均总藏量的形势也不容乐观。五年间中部六省革命老区的公共图书馆人均总藏量如图 3-11 所示，分析可知，六省革命老区公共图书馆人均总藏量有不同程度的下降。其中，安徽省革命老区的人均总藏量下降程度最为显著，湘鄂赣三省革命老区的人均总藏量非常接近，变化趋势也大致相同。2021 年，六省革命老区公共图书馆人均总藏量分别为：山西省 0.35 册/人、安徽省 0.33 册/人、江西省 0.22 册/人、河南省 0.15 册/人、湖北省 0.22 册/人、湖南省 0.21 册/人，同年相应省份的人均总藏量分别为：山西省 0.66 册/人、安徽省 0.62 册/人、江西省

0.69 册/人、河南省 0.42 册/人、湖北省 0.80 册/人、湖南省 0.73 册/人。相比之下，中部六省革命老区的公共图书馆人均总藏量分别为省人均水平的 53.03%、53.23%、31.88%、35.71%、27.50%、28.77%，省内发展差距较大。据此，中部六省应充分重视省内革命老区公共图书馆发展，建立省内地市点对点帮扶机制，制定相应政策引导资金、人才流向发展落后的革命地区，缩小省内各地区的发展差距。相邻的地市或省份之间还可以开展形式多样的文化建设交流会，学习各地的文化建设经验，以形成以点带面、协同并进的发展格局。

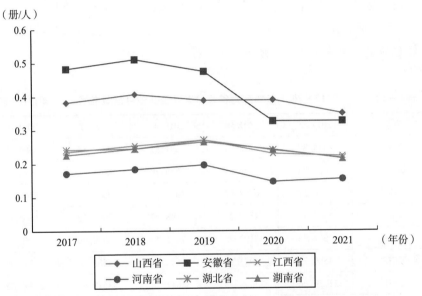

图 3 – 11 2017～2021 年中部六省革命老区公共图书馆人均总藏量

资料来源：中国革命老区大数据平台。

从地级市角度看，2021 年中部老区公共图书馆总藏量排名前十的地市分别为：安徽安庆 3189.41 千册、湖北黄冈 2177.72 千册、江西赣州 1942.06 千册、湖北恩施 1487.86 千册、江西吉安 1253.07 千册、湖南常德 1171.71 千册、山西长治 1154.58 千册、河南信阳 1140.85 千册、河南驻马店 1118.95 千册、江西抚州 918.62 千册，分别是排名后十位的 16.67 倍、11.96 倍、12.05 倍、9.91 倍、8.95 倍、9.26 倍、9.26 倍、9.53 倍、10.53 倍、12.08 倍，2021 年中部老区公共图书馆总藏量首尾十位的地市详见表 3 – 13。从表中可知，各老区公共图书馆的人均总藏量普遍不高，排名前十位的革命老区虽然公共图书馆总藏量较多,但存在人均总藏量差异较大的现象。其中安庆、恩施、长治、抚州四地的人均总藏量较其他老区高,但人均总藏量也未达到0.89册/人的全国平均水平。而信阳、驻马店等老区人均总藏量更低,在中部老区中也处于落后的水平。公共图书馆总藏量排名后十位的老区,其人均总藏量也普遍不高,均低于0.20册/人。

表3-13　　2021年中部老区公共图书馆总藏量及人均总藏量首尾十位

前十位			后十位		
老区	公共图书馆总藏量 (千册)	人均总藏量 (册/人)	老区	公共图书馆总藏量 (千册)	人均总藏量 (册/人)
安庆	3189.41	0.63	仙桃	191.37	0.15
黄冈	2177.72	0.33	长沙	182.05	0.13
赣州	1942.06	0.21	九江	161.18	0.19
恩施	1487.86	0.40	鹰潭	150.17	0.15
吉安	1253.07	0.25	新乡	139.97	0.10
常德	1171.71	0.20	岳阳	126.47	0.10
长治	1154.58	0.39	娄底	124.65	0.10
信阳	1140.85	0.13	襄阳	119.77	0.12
驻马店	1118.95	0.12	铜陵	106.31	0.14
抚州	918.62	0.36	淮南	76.04	0.06

资料来源:中国革命老区大数据平台。

(三) 医疗卫生

发展公共医疗卫生事业是人民安居乐业、幸福安康的重要保障。2017～2021年期间,中部六省革命老区医院、卫生院床位总数从523845.69张增加至619982.32张,增幅达18.35%,2017～2021年六省革命老区医院、卫生院床位数及增长情况详见表3-14。2021年,六省革命老区的医院、卫生院床位数分别为:山西省38118.66张、安徽省44048.53张、江西省128070.78张、河南省109765.38张、湖北省163547.01张、湖南省136431.96张,六省革命老区的医院、卫生院床位数在五年间基本呈稳定上升趋势,江西、河南等省份增幅较大。

表3-14　　　　2017～2021年中部六省革命老区医院、卫生院床位数　　单位：张

老区	床位数（张）					五年增幅（%）
	2017年	2018年	2019年	2020年	2021年	
山西省	36113.79	39778.74	39871.53	38874.07	38118.66	6
安徽省	38089.53	38893.07	40360.80	41790.22	44048.53	16
江西省	98103.66	105673.99	116169.98	122344.25	128070.78	31
河南省	86321.10	95902.88	103327.53	103368.77	109765.38	27
湖北省	143617.61	149102.16	153137.81	157036.47	163547.01	14
湖南省	121600.00	130927.00	138299.00	143457.00	136431.96	12

资料来源：中国革命老区大数据平台。

在每万人拥有医院、卫生院床位数方面，六省老区在2017～2021年的变化趋势见图3-12。从图中可知，中部六省每万人拥有医院、卫生院床位数在五年间基本呈上升趋势。其中湖南省革命老区每万人拥有的医院、卫生院床位数在2017年至2020年高于全国平均水平且不断增加，在2021年下降至全国平均水平，而其余五省始终低于全国平均水平。2021年各省老区每万人拥有医院、卫生院床位数分别为山西42.12张、安徽35.23张、江西49.33张、河南41.89张、湖北53.85张、湖南66.68张，分别是全国平均水平的62.88%、52.60%、73.64%、62.54%、80.38%、99.54%。

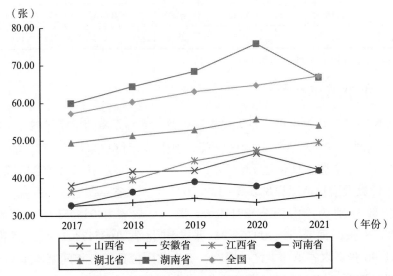

图3-12　2017～2021年中部老区每万人拥有医院、卫生院床位数

资料来源：中国革命老区大数据平台。

从地级市角度看，2021 年中部老区医院、卫生院床位数排名前十的地级市分别为赣州 49436.50 张、黄冈 40600.08 张、驻马店 40492.42 张、常德 35749.31 张、信阳 30464.33 张、荆州 29501.55 张、恩施 28006.00 张、吉安 26396.79 张、安庆 22882.07 张、怀化 21281.00 张，分别是排名后十位的 10.91 倍、10.24 倍、10.31 倍、9.14 倍、8.24 倍、8.87 倍、8.51 倍、11.86 倍、11.64 倍、12.93 倍。中部老区中每万人拥有医院、卫生院床位数排名前十位的城市与排名后十位的城市分别相差 1.25 倍、1.12 倍、1.13 倍、1.32 倍、1.12 倍、1.29 倍、1.25 倍、1.84 倍、4.30 倍、5.29 倍，详细数据见表 3 - 15。对比可知，湖北恩施与湖南怀化两地的医院、卫生院床位数以及每万人床位数在中部老区中都处于前列水平，山西阳泉、江西新余、安徽铜陵、湖北武汉、安徽淮南等地的医疗卫生床位数较少，每万人拥有床位数也处于较低水平。此外，河南信阳的医疗卫生床位数虽然排名靠前，但每万人拥有的床位数仅为 35.44 张，在中部老区中处于靠后位置。医疗卫生床位数是本地医疗卫生系统的基础指标，是人民病有所医的基础保障之一，各地老区应结合自身人口规模、地理环境以及经济发展状况合理保障本地医疗卫生床位数量，做到适当储备、多而不闲，以避免关键时候床位短缺或长期闲置资源浪费的情况发生。

表 3 - 15　2021 年中部老区医院、卫生院床位数及每万人床位数首尾十位　单位：张

医院、卫生院床位数				每万人拥有医院、卫生院床位数			
老区	前十位	老区	后十位	老区	前十位	老区	后十位
赣州	49436.50	鹤壁	4531.63	长沙	83.59	长治	37.08
黄冈	40600.08	忻州	3963.00	怀化	75.78	萍乡	35.77
驻马店	40492.42	阳泉	3926.66	恩施	75.38	信阳	35.44
常德	35749.31	九江	3911.00	湘西	75.20	六安	32.46
信阳	30464.33	晋中	3696.00	襄阳	68.30	新余	32.28
荆州	29501.55	新余	3326.66	新乡	68.12	铜陵	29.77
恩施	28006.00	大同	3291.00	济源	66.73	阳泉	29.65
吉安	26396.79	铜陵	2226.00	宜昌	65.94	安阳	23.25
安庆	22882.07	武汉	1965.12	仙桃	64.69	淮南	12.21
怀化	21281.00	淮南	1646.17	郴州	64.61	武汉	10.27

资料来源：中国革命老区大数据平台。

（四）其他社会保障

在社会福利收养性单位数方面，2017～2021年，中部老区各种社会福利收养性单位数从4812.20个下降至4709.31个，减少了102.89个单位，2021年六省革命老区各种社会福利收养性单位数分别为：山西省272.54个、安徽省443.26个、江西省1241.62个、河南省882.61个、湖北省975.31个、湖南省893.96个。其中江西与河南两省较2017年有所增长，分别增长了155.63个和97.60个，其余省份都有不同程度的下降。从地级市角度看，2017～2021年期间，江西抚州、河南驻马店、江西赣州、江西上饶、湖北襄阳、河南新乡、湖南张家界、河南南阳、江西吉安等地市革命老区的各种社会福利收养性单位数增加10个以上，而多数地市的革命老区增加较少甚至有大幅下降，2021年中部老区中各种社会福利收养性单位数排名前十位与后十位的地市详见表3-16。计算可知，2021年中排名前十位的老区与排名末十位的老区分别相差10.21倍、8.37倍、7.93倍、7.24倍、7.39倍、7.96倍、8.72倍、10.23倍、9.85倍、10.86倍，各地社会福利收养性单位数具有明显差异。此外，湖南娄底、湖北武汉、山西晋中、安徽铜陵、山西忻州等地市不仅拥有的社会福利收养性单位数较少，在五年间还出现大幅减少的情况，而湖北黄冈虽然在基数上具备优势，但在五年中也有不少收养性福利单位关闭。社会福利收养性单位作为非营利的社会组织，是对弱势群体基本生活的有力保障，是社会福利事业的重要组成部分。如何保障各种社会福利收养性单位的持续经营，是各地在社会福利事业建设中必须考虑的问题。

表3-16　　2021年中部老区各种社会福利收养性单位数首尾十位

前十位			后十位		
老区	单位数（个）	增长率（%）	老区	单位数（个）	增长率（%）
赣州	394.69	11	新余	35.20	-11
驻马店	318.56	29	娄底	34.00	-42
信阳	294.66	-5	大同	33.00	-11
吉安	256.55	5	武汉	31.15	-34
常德	234.80	0	仙桃	28.00	17
抚州	206.00	61	潜江	23.00	35
安庆	204.09	4	晋中	21.00	-28

续表

前十位			后十位		
老区	单位数（个）	增长率（%）	老区	单位数（个）	增长率（%）
黄冈	202.09	−41	济源	18.00	20
六安	173.67	−12	铜陵	16.00	−38
荆州	169.61	−06	忻州	14.30	−78

资料来源：中国革命老区大数据平台。

　　在社会福利收养性单位床位数方面，中部老区各种社会福利收养性单位床位数从 2017 年的 410577.87 张增加至 435851.35 张，增加了 6.16%，2017～2021 年中部老区各种社会福利收养性单位床位数变化见图 3－13。在省份层面，除河南省外其余五省革命老区的社会福利收养性单位床位数变化不甚明显，而各省床位数总量有明显分层现象：湖北省老区在五年间的平均床位数达 117746.47 张，在中部六省老区中处于领先水平，江西、湖南、河南、安徽四省的平均床位数在 55000 张到 90000 张之间，处于中等水平，山西省的平均床位数仅为 23524 张，在中部六省的老区中处于落后水平。

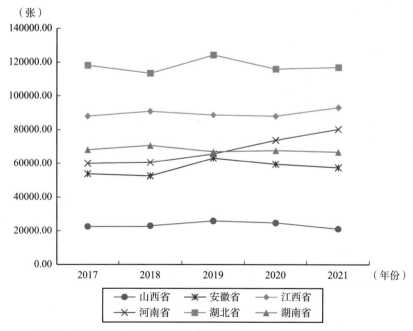

图 3－13　2017～2021 年中部老区各种社会福利收养性单位床位数

资料来源：中国革命老区大数据平台。

2017～2021年，中部老区每万人拥有的各种社会福利收养性单位床位数变化如图3-14所示。其中，安徽省每万人拥有的各种社会福利收养性单位床位数最多，五年均维持在45张的水平之上；湖北省则在40张的水平上下浮动；江西与湖南两省的水平不相上下，在30张到35张的区间浮动；山西与河南两省的人均水平较低，且河南省在前四年的人均水平始终低于山西，但在2021年实现了反超。

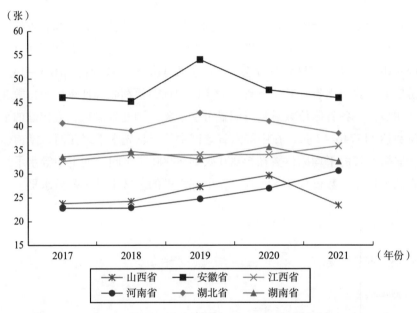

图3-14　2017～2021年中部老区每万人拥有各种社会福利单位床位数
资料来源：中国革命老区大数据平台。

从地级市角度分析，5年间山西大同、山西晋中、安徽安庆、江西赣州、江西上饶、河南新乡、河南南阳、河南信阳、河南济源、湖北潜江、湖南株洲、湖南岳阳、湖南张家界等革命老区的人均社会福利单位床位数增加幅度较大，均增加了20%以上，其中河南新乡与南阳两市每万人拥有的社会福利收养性单位床位数分别增加了200%以上，在中部老区中增幅最大。2021年中部老区每万人拥有社会福利收养性单位床位数中排名前十位与后十位的地级市见表3-17。从表3-17可知，排在前十位的地级市分别是排在后十位地级市的2.80倍、2.70倍、2.73倍、2.60倍、2.65倍、2.82倍、

3.35 倍、4.23 倍、4.55 倍、5.36 倍。此外，排在前十位的地级市在五年间每万人拥有床位数基本呈增长状态，而在后十位的地级市不仅基础水平低，而且在五年间基本呈下降态势，发展差异明显。因此，各省需充分重视落后革命老区的社会福利事业，不仅要保障社会福利收养性单位的持续经营，还应结合当地实际保障社会福利单位床位数的供需平衡。

表 3－17　　　　　　2021 年中部老区每万人拥有社会福利

收养性单位床位数首尾十位地级市　　　　　单位：张

前十位			后十位		
老区	每万人拥有床位数	增长率（%）	老区	每万人拥有床位数	增长率（%）
安庆	67.64	25	仙桃	24.16	-45
新乡	62.98	206	新余	23.30	-24
宜春	59.24	15	晋城	21.73	3
孝感	51.52	17	长治	19.85	-19
宜昌	48.87	-9	铜陵	18.45	-54
九江	48.71	-10	安阳	17.28	9
襄阳	48.48	19	娄底	14.48	-8
株洲	46.78	48	淮南	11.07	18
随州	46.77	-9	武汉	10.28	-42
大同	46.59	81	忻州	8.70	-32

资料来源：中国革命老区大数据平台。

第三节　中部地区革命老区振兴之路

一、中部地区革命老区发展特征

自党的十八大以来，在各级政府的充分重视与多方引领下，革命老区这片红色土壤上发生了翻天覆地的变化，老区人民依靠英勇顽强、不懈奋斗的红色精神提高了物质财富，改善了生活水平，创造了幸福生活。在中部革命老区振兴发展的过程中，主要表现出以下几个特征。

基建设施打通对外桥梁。"要想富，先修路。"革命老区多数处于偏远、闭塞的落后地区，基础设施落后且生存环境恶劣，老区人民与外界交流困难，外界资源进不来，老区产品出不去，一直是阻碍老区发展的重大难题。近些年来，在各级政府与老区人民的不懈努力下，多数革命老区的基础设施建设取得了较大进展，贫困村庄与外界的联系通道打开了，资金、人才和技术的桥梁也水到渠成般建立起来，助力老区因地制宜发展特色产业，并通过电商直播将特色产品传递出去，由此形成良性循环发展模式。

自然资源主导产业发展。中部革命老区多处于山地、丘陵地带，且从南至北跨越亚热带、温带地区，物种丰富，还拥有长江、黄河两大水系充足的水资源，老区富饶的生态资源与矿产资源是其发展经济的天然优势。在专业技术人员的帮助下，老区利用当地自然资源发展特色农业，打造特色农产品产业链，农产品生产得以标准化、品牌化，农产品质量和销售效率同步提升，农民的生产积极性也大大提高。此外，多地革命老区还利用当地特色的矿产资源，开发建设重点工业产业，打造先进制造业配套产业链，因地制宜发展新材料、新能源、生物轻纺、智能装备等产业。

红色文旅创新扶贫模式。革命老区为我国的革命事业和社会主义建设做出了突出的贡献，拥有厚重的红色文化历史，多地建有革命历史博物馆、纪念馆等革命文物保护片区。将这些红色文化承载物与旅游业创新性结合，不仅能提高老区的经济效益，还能起到教育示范与传承红色文化的作用。

二、中部地区革命老区发展存在的问题

自2013年11月习近平总书记在湖南湘西考察时提出"精准扶贫"以来，我国扶贫事业进入快速发展期，革命老区在政策东风下得到迅速发展。2020年底，全国832个国家级贫困县全部脱贫摘帽，老区面貌焕然一新，老区人民的生活水平直线上升。然而，在老区的脱贫攻坚事业取得重大进展的同时，也应该注意到现今老区发展存在的新问题。

（一）省内发展不均衡，省间发展差距大

我国革命老区众多，在有限的资金、人才资源支持下，势必要优先扶持

重点地区、特困地区的发展，解决贫困地区短板问题，因此革命老区之间存在发展不均衡的现象。湖南革命老区的这一问题表现得尤为突出：2021 年湖南老区 9 个地级市中有 2 个地级市的人均 GDP 在中部老区中排名前十，而有 6 个地级市的人均 GDP 排在三十名之后，城乡人均可支配收入也表现出类似的情况。在省内老区发展不均衡的同时，中部六省老区发展的整体水平也具有较大差距。表现在 GDP 方面，2017～2021 年六省老区中排在首位的湖北老区 GDP 始终是末位安徽老区 GDP 的 4 倍左右，而其五年间的人均 GDP 也明显低于其余五省，安徽老区的经济状况仍处于较低水平。

（二）疫情冲击余波未消，发展空间充足

受新冠疫情这一"黑天鹅"事件的影响，中部六省老区的人均 GDP、城乡人均可支配收入、地方财政一般预算支出等指标在 2020 年后都有一定程度的下降，原本的脱贫成果受到较大程度的影响。同时，老区在人均 GDP、城乡人均可支配收入、公共图书馆人均总藏量等多方面与全国平均水平还具有较大的差距，发展空间仍然充足。

（三）发展资金来源单一，资金使用存在风险

在中部六省革命老区中，安徽和江西两省 2017 年末金融机构贷款余额占 GDP 的比例分别为 69.49% 和 75.66%，且在之后的几年持续上升，至 2021 年该比例接近 100%。两省老区的发展资金多来源于银行信用贷款，需警惕过于依赖贷款融资带来的信用风险。此外，2021 年安徽铜陵、山西大同与忻州、湖南娄底与张家界等地市的财政赤字整体水平不高，但财政赤字率高于 20%，扩张性的财政安排虽能够加大对实体经济的支持力度，但也需防范由此带来的财政风险。

（四）公共服务建设有待加强

中部六省革命老区的基础教育比例较低，2021 年每万人在校学生总数最多的为江西老区 1490.32 人，仅为户籍人口的 15% 左右，湖北老区多地每万人在校学生总数排名处于末十位，老区基础教育水平有待提升。同时，2017 年至 2021 年六省老区的公共图书馆总藏量及人均总藏量都有下降趋势，与省内平均水平也有较大差距，社会文化建设仍有较大提升空间。山西阳泉、江西新余、安徽铜陵、湖北武汉等老区的医疗卫生床位数较少，每万

人拥有床位数也处于较低水平，公共医疗保障体系需持续完善。

三、中部地区革命老区发展展望

在党的团结带领下，革命老区经过长期、全面、持续地发展，克服了一个又一个的难题，取得了全面脱贫的伟大成就，人民生活环境极大改善，生活质量大大提升。今后，革命老区应持续巩固脱贫成果，全面助力乡村振兴。在现有发展基础上，持续完善基础设施建设，引进技术人才培育成熟产业链，构建多元化的产业体系，创新发展业态，增加老区人民的收入来源。应防范化解金融风险，协调资源永续发展。完善资金扶持政策，适当放宽税收标准，营造良好的金融环境，增加老区企业的融资渠道，防范化解信用风险。同时，政府部门应充分协调对老区资源的分配，转移支付向相对贫困的老区倾斜，促进省内老区之间均衡发展。对于老区赖以发展的生态资源与矿产资源，需明确资源储备与利用上限，施行定期禁渔、禁牧、禁采政策，以保证老区的可持续发展。最后，需不断提高社会福利，实现人民生活需要。加大基础教育投入，提高老区教师的薪资水平，改善教学环境，吸引并留住外来人才。组织开展特色文化节、全民读书日等文化活动，宣传老区的独特文化与红色历史，提高老区人民的综合素质，在满足老区人民物质需求的同时丰富精神需求，以实现老区人民对美好生活的向往。

第四章

西部地区革命老区振兴发展

第一节　西部地区革命老区概况

一、西部革命老区辖区介绍

西部革命老区包含重庆市（渝）、四川省（川）、贵州省（贵）、云南省（云）、陕西省（陕）、甘肃省（甘）、广西壮族自治区（桂）、宁夏回族自治区（宁）共八个省（直辖市、自治区），共涉及了32个市（自治州）222个县（市、区、自治县），辖区内有陕甘宁革命老区、川陕革命老区以及左右江革命老区三个革命老区，同时也涉及湘鄂渝黔革命老区一个跨省重点革命老区。2021年，西部革命老区行政区域面积为577802.43平方公里，户籍总人口为9453.85万人，年末总人口为8476.57万人，有明显的人口外流现象。2021年西部革命老区乡村人口在年末总人口中占比高达80.65%，为6836.31万人，而年末单位从业人员仅有481.07万人，仅占年末总人口的5.68%。

重庆市革命老区包括土地革命战争时期的川陕革命根据地和湘鄂渝黔革命根据地。重庆市革命老区包含6个县（市、区），分别为重庆市辖区的城口县、黔江区、石柱土家族自治县、彭水苗族土家族自治县、酉阳土家族苗族自治县和秀山土家族苗族自治县。2021年，重庆市革命老区行政区域面积为19262.14平方公里，约占全重庆市总面积的23%；老区户籍人口有356.71万人，年末总人口有295.96万人，其中乡村人口有269.78万人，年末单位从业人员为12.54万人。

四川省革命老区包括土地革命战争时期的川陕革命根据地。四川省革命老区包含 37 个县（市、区），分别为绵阳市的江油市、平武县、梓潼县、盐亭县、安州区、游仙区、涪城区、三台县和北川羌族自治县，南充市的阆中市、西充县、仪陇县、蓬安县、营山县、嘉陵区、南部县、高坪区和顺庆区，广元市的苍溪县、剑阁县、青川县、旺苍县、朝天区、昭化区和利州区，达州市的渠县、万源市、大竹县、开江县、宣汉县、达川区和通川区，巴中市的平昌县、南江县、通江县、恩阳区和巴州区。2021 年，四川省革命老区行政区域面积为 77164.72 平方公里，约占全四川省总面积的 16%；老区户籍人口有 2570.37 万人，年末总人口有 2318.07 万人，其中乡村人口有 1402.62 万人，年末单位从业人员为 106.70 万人。

贵州省革命老区包括土地革命战争时期的左右江革命根据地和湘鄂渝黔革命根据地。贵州省革命老区包含 43 个县（市、区），分别为遵义市的汇川区、播州区、仁怀市、赤水市、桐梓县、绥阳县、正安县、道真仡佬族苗族自治县、务川仡佬族苗族自治县、凤冈县、湄潭县、余庆县、习水县、红花岗区，黔东南苗族侗族自治州的榕江县、黎平县、从江县，铜仁市的江口县、万山区、玉屏侗族自治县、石阡县、思南县、印江土家族苗族自治县、德江县、松桃苗族自治县、独山县、沿河土家族自治县、碧江区，黔西南布依族苗族自治州的安龙县、册亨县、望谟县、贞丰县、普安县、晴隆县、兴仁市、兴义市，黔南布依族苗族自治州的惠水县、罗甸县、平塘县、长顺县、荔波县、都匀市、三都水族自治县。2021 年，贵州省革命老区行政区域面积为 96398.85 平方公里，约占全贵州省总面积的 55%；老区户籍人口有 2035.28 万人，年末总人口有 1710.74 万人，其中乡村人口有 1662.95 万人，年末单位从业人员为 91.75 万人。

云南省革命老区包括土地革命战争时期的左右江革命根据地。云南省革命老区涉及 8 个县（市、区），分别为文山壮族苗族自治州的砚山县、文山市、富宁县、广南县、丘北县、马关县、西畴县、麻栗坡县。2021 年，云南省革命老区行政区域面积为 31476.00 平方公里，约占全云南省总面积的 8%；老区户籍人口有 400.20 万人，年末总人口有 363.49 万人，其中乡村人口有 329.01 万人，年末单位从业人员为 16.94 万人。

陕西省革命老区包括土地革命战争时期的川陕革命根据地和抗日战争时期的陕甘宁抗日根据地。陕西省革命老区涉及陕西省铜川市、延安市、榆林市、汉中市、安康市、商洛市全境以及咸阳市旬邑县、淳化县、长武县、彬州市、三原县、泾阳县，宝鸡市凤县、太白县和渭南市富平县，共 66 个县（市、区），其中一类老区有 35 个：铜川市王益区、耀州区、印台区，延安市宝塔区、延长县、延川县、子长县、安塞区、志丹县、吴起县、甘泉县、富县、洛川县、宜川县、黄龙县、黄陵县，榆林市神木市、府谷县、横山区（原横山县）、靖边县、定边县、绥德县、米脂县、佳县，汉中市南郑区（原南郑县）、城固县，安康市汉滨区（原汉滨镇）、汉阴县，商洛市商州区（原商州镇）、洛南县等。二类老区有 19 个：咸阳市旬邑县（原旬邑镇）、淳化县（原淳化镇）、长武县（原长武镇）、彬州市（原彬州镇）、三原县（原三原镇）、泾阳县（原泾阳镇），宝鸡市凤翔县（原凤翔镇）、凤县（原凤州镇）、太白县（原太白镇），渭南市富平县（原富平镇），榆林市吴堡县（原吴堡镇）、清涧县（原清涧镇）、子洲县（原子洲镇），汉中市西乡县（原西乡镇）、勉县（原勉州镇）、略阳县（原略阳镇）；安康市石泉县（原石泉镇）、紫阳县（原紫阳镇）；商洛市丹凤县（原丹凤镇）。三类老区有 12 个：延安市甘泉乡，榆林市榆阳区（原榆阳镇），汉中市汉台区（原汉台镇）、留坝乡；安康市宁陕乡；商洛市山阳乡；咸阳市兴平乡；宝鸡市金台乡；渭南市华阴乡；铜川市印台乡；延安市黄龙乡；榆林市神木乡。2021 年，陕西省革命老区行政区域面积为 167554.50 平方公里，约占全陕西省总面积的 81%；老区户籍人口有 1896.81 万人，年末总人口有 1741.03 万人，其中乡村人口有 1468.39 万人，年末单位从业人员为 126.30 万人。

　　甘肃省革命老区包括抗日战争时期的陕甘宁抗日根据地。甘肃省革命老区包含 16 个县（市、区），分别是的平凉市的泾川县、崆峒区、华亭市、静宁县、庄浪县、崇信县、灵台县；白银市的会宁县；庆阳市的宁县、环县、西峰区、镇原县、正宁县、合水县、华池县、庆城县。2021 年，甘肃省革命老区行政区域面积为 44682.00 平方公里，约占全甘肃省总面积的 10%；老区户籍人口有 557.80 万人，年末总人口有 556.55 万人，其中乡村人口有 476.84 万人，年末单位从业人员为 48.45 万人。广西壮族自治区革命老区包括土地革命战争时期的左右江革命根据地。广西壮族自治区革命老区包含 32 个县（市、区），分别是南宁市的马山县、隆安县，河池市的天峨县、南丹县、宜州区、金城江区、凤山县、东兰县、都安瑶族自治县、巴马瑶族自治县、大化瑶族自治县、环江毛南族自治县、罗城仫佬族自治县，崇左市的凭祥市、天等县、龙州县、宁明县、大新县、扶绥县、江州区，百色市的靖西市、平果市、右江区、田阳区、田东县、田林县、乐业县、凌云县、那坡县、德保县、西林县、隆林各族自治县。2021 年，广西壮族自治区革命老区行政区域面积为 91659.00 平方公里，约占全广西壮族自治区总面积的 39%；老区户籍人口有 1207.00 万人，年末总人口有 1078.83 万人，其中乡村人口有 978.86 万人，年末单位从业人员为 55.17 万人。宁夏回族自治区革命老区包括抗日战争时期的陕甘宁抗日根据地。宁夏回族自治区革命老区包含 14 个县（市、区），分别是吴忠市的利通区、青铜峡市、同心县、盐池县、红寺堡区，银川市的灵武市，中卫市的海原县、中宁县、沙坡头区，固原市的彭阳县、泾源县、隆德县、西吉县、原州区。2021 年，宁夏回族自治区革命老区行政区域面积为 49605.22 平方公里，约占全宁夏回族自治区总面积的 75%；老区户籍人口有 429.69 万人，年末总人口有 411.90 万人，其中乡村人口有 247.85 万人，年末单位从业人员为 23.23 万人。以年末总人口数与当年户籍人口数的差在当年户籍人口数中的占比来衡量人口流动程度。表 4-1 为 2017~2021 年西部八省份革命老区的人口流动率。可以看出，西部八省份革命老区的人口流出率绝大部分高于人口流入率，形成了负的人口流动差。这是由于西部八省份革命老区经济发展水平相对落后，就业机会有限，人才吸引不强，导致了人口流出多于流入。重庆市和贵州省是西部八省份革命老区中人口流出较大的省份，人口流出率连续几年都超过了 20%。广西壮族自治区和四川省的人口流出率基本上都保持在 10% 以上。云南省、陕西省和宁夏回族自治区的人口流出率基本上都保持在 5% 以上。而甘肃省在西部八省份革命老区人口流出中属于较少的省份，人口流出率低至 0.5% 以下。值得注意的是：重庆市 2018 年人口增长率相比 2017 年大幅提升，主要是由于重庆市在经济社会发展、乡村振兴战略和户籍制度改革等方面取得了积极成效，改善了革命老区的发展环境和人民生活状况，调节了城乡人口平衡，促进革命老区人口流动的频繁和活跃。2021 年受新冠疫情的影响，经济形势受挫，使得 2021 年西部八省份革命老区人口流出率普遍减少，这也是正常现象。

表 4-1　　　2017~2021 年西部八省份革命老区人口流动率　　　单位:%

年份	广西壮族自治区	重庆市	四川省	贵州省	云南省	陕西省	甘肃省	宁夏回族自治区
2017	-16.58	-2.15	-12.18	-23.60	-7.03	-9.75	0.00	-7.08
2018	-16.65	-28.29	-11.12	-24.28	-6.94	-8.46	0.00	-6.25

续表

年份	广西壮族自治区	重庆市	四川省	贵州省	云南省	陕西省	甘肃省	宁夏回族自治区
2019	−16.46	−28.59	−10.28	−24.38	−6.37	−8.41	0.00	−5.02
2020	−18.91	−24.45	−19.46	−21.53	−11.82	−14.02	−0.22	−11.95
2021	−10.62	−17.03	−9.82	−15.95	−9.17	−8.21	−0.22	−4.14

表 4 − 2 显示了 2017 ~ 2021 年西部八省份革命老区乡村人口在年末总人口中的占比（以下简称"乡村人口占比"）。在西部八省份革命老区中，广西壮族自治区、贵州省和云南省 2017 ~ 2021 年的乡村人口占比始终保持在 90% 以上，其中，贵州省更是连续几年乡村人口占比超过 100%。重庆市除 2017 年外，其 2018 ~ 2021 年的乡村人口占比也始终保持在 90% 以上。陕西省和甘肃省 2017 ~ 2021 年的乡村人口占比均在 80% 以上。虽然四川省和宁夏回族自治区 2017 ~ 2021 年的乡村人口占比相比之下没有其他省份占比高，但也基本上达到了 50% 以上。可见，西部八省份革命老区乡村人口占比整体上是较高的。这是因为西部革命老区大部分位于中西部地区，地理环境复杂，资源禀赋不足，经济发展水平低，城镇化进程缓慢，所以农业仍然是主要的产业和就业方式，这就不难理解西部八省份革命老区大部分地区乡村人口占比高了。

表 4 − 2 　　　　2017 ~ 2021 年西部八省份革命老区乡村人口占比　　　　单位:%

年份	广西壮族自治区	重庆市	四川省	贵州省	云南省	陕西省	甘肃省	宁夏回族自治区
2017	99.29	76.68	54.35	110.05	92.12	81.55	84.71	55.90
2018	97.87	105.08	52.79	107.38	91.64	82.39	84.98	54.57
2019	97.29	105.31	51.20	102.72	92.65	83.26	85.09	53.89
2020	100.16	99.90	50.43	102.39	93.79	89.92	85.40	48.53
2021	90.73	91.15	60.51	97.21	90.51	84.34	85.68	60.17

表 4 − 3 展示了 2017 ~ 2021 年西部八省份革命老区年末单位从业人员在年末总人口中的占比（以下简称"年末单位从业人员占比"）。在西部八省份革命老区中，甘肃省是年末单位就业人员占比最高的省份，2017 ~ 2021 年占比始终在 8% 以上。陕西省 2017 ~ 2021 年年末单位就业人员占比始终

在 7% 以上，在西部八省份革命老区中排在第二位。贵州省、云南省和宁夏回族自治区在 2017～2021 年年末单位就业人员占比基本上可维持在 5% 以上。相比于其他省份，重庆市和四川省的占比较低，这可能是由于这些地区大部分人口就业更具有灵活性。

表 4-3   2017～2021 年西部八省份革命老区年末单位从业人员占比   单位:%

年份	广西壮族自治区	重庆市	四川省	贵州省	云南省	陕西省	甘肃省	宁夏回族自治区
2017	5.54	3.71	4.84	6.00	5.30	7.49	8.76	5.68
2018	5.51	5.02	4.82	6.13	5.58	7.32	8.67	5.63
2019	5.49	5.00	4.84	6.33	4.93	7.42	8.75	5.62
2020	5.68	4.71	4.94	5.82	5.05	7.85	8.74	5.97
2021	5.11	4.24	4.60	5.36	4.66	7.25	8.70	5.64

资料来源：根据中国革命老区大数据平台计算得到。

二、西部革命老区分片区介绍

(一) 陕甘宁革命老区

陕甘宁革命老区的建立可以溯源到抗日战争时期的陕甘宁抗日根据地。陕甘宁抗日根据地，亦称陕甘宁边区根据地，由原陕甘宁苏区革命根据地沿革而来。陕甘宁抗日根据地，位于陕西北部、甘肃东部、宁夏东南部。它北起长城线上的陕北府谷、横山，南至关中淳化、旬邑，东濒黄河与山西隔水相望，西临宁夏豫旺、甘肃固原，面积约 13 万平方公里，人口约 200 万。在抗日战争期间，它居于特殊而重要的战略地位。它同其他抗日根据地一样，随着战略防御、相持和反攻阶段的到来，经历了一个由转变、形成到不断发展的过程，具体表现为上升、下降、再上升三个阶段。

陕甘宁革命老区建立在陕甘宁抗日根据地的基础之上，涉及铜川市、宝鸡市、咸阳市、渭南市、延安市、汉中市、榆林市、安康市、商洛市、白银市、平凉市、庆阳市、银川市、吴忠市、固原市和中卫市所属的 66 个县（市、区），分别是环县、佳县、宁县、富县、华池县、志丹县、吴堡县、中宁县、王益区、正宁县、甘泉县、子洲县、耀州区、镇原县、洛川县、会宁县、三原县、黄龙县、利通区、泾川县、长武县、子长市、盐池县、崇信县、淳化县、横山区、静宁县、富平县、靖边县、西吉县、西峰区、安塞区、绥德县、泾源县、延川县、合水县、吴起县、清涧县、海原县、印台区、神木市、宜君县、灵武市、宜川县、崆峒区、泾阳县、黄陵县、灵台县、旬邑县、榆阳区、同心县、庄浪县、彬州市、府谷县、原州区、华亭市、宝塔区、定边县、隆德县、庆城县、延长县、米脂县、彭阳县、青铜峡市、沙坡头区和红寺堡区。2021 年，陕甘宁革命老区行政区域土地面积为185561.72 平方公里，户籍人口有 1941.48 万人，年末总人口有 1844.23 万人，其中乡村人口有 1430.84 万人，年末单位从业人员有 138.41 万人。

（二）川陕革命老区

川陕革命老区的建立可以溯源到土地革命战争时期的川陕革命根据地。川陕革命根据地是土地革命战争时期，中国工农红军第四方面军第四次反"围剿"失利，撤出鄂豫皖革命根据地，转移到川东北和陕南边界地区后，在川陕人民长期革命斗争和多次农村武装暴动的基础上，与当地人民群众共同创建发展起来的。其中盛时期面积达 42000 多平方公里，主要活动地区为四川嘉陵江以东、营山、渠县以北，城口、开江以西，陕西宁强、勉县、南郑、西乡、镇巴 5 县邻近四川边界地带。人口约 500 万，共建立了 23 个县和 1 个市的苏维埃政权，红四方面军主力四个师由入川时的 1.5 万余人发展到 8 万多人，加上独立师共 10 余万人。

川陕革命老区建立在川陕革命根据地的基础之上，涉及重庆市辖区、绵阳市、广元市、南充市、达州市、巴中市、铜川市、宝鸡市、咸阳市、渭南市、延安市、汉中市、榆林市、安康市和商洛市所属的 68 个县（市、区），分别是凤县、渠县、洋县、勉县、略阳县、剑阁县、万源市、商南县、城口县、留坝县、顺庆区、恩阳区、镇安县、游仙区、汉滨区、嘉陵区、南江县、三台县、营山县、石泉县、梓潼县、仪陇县、紫阳县、汉台区、平武县、阆中市、平利县、城固县、利州区、达川区、旬阳县、西乡县、朝天区、开江县、商州区、宁强县、青川县、丹凤县、镇巴县、苍溪县、巴州区、山阳县、涪城区、佛坪县、高坪区、通江县、柞水县、安州区、汉阴县、南部县、平昌县、盐亭县、蓬安县、宁陕县、太白县、西充县、岚皋县、南郑区、江油市、通川区、镇坪县、昭化区、宣汉县、白河县、旺苍县、大竹县、洛南县和北川羌族自治县。2021 年，川陕革命老区行政区域土地面积为 156733. 72 平方公里，户籍人口有 3538. 19 万人，年末总人口有 3206. 90 万人，其中乡村人口有 2185. 93 万人，年末单位从业人员有 167. 47 万人。

（三）左右江革命老区

左右江革命老区的建立可以溯源到土地革命战争时期的左右江革命根据地。左右江革命根据地位于广西西南部边界。它包括左江、在江和红水河流域的百色、恩阳（今属田阳县）、奉议（今属田阳县）、恩隆（今田东县）、思林（今属田东县）、果德（今属平果县）、隆安、向都（今属天等县）、东兰、凤山、凌云、都安、那地（今属天峨县和南丹县）、镇结（今属天等县）、龙州、上金（今属龙州县）凭祥、宁明、崇善（今属崇左市）、左县（今属崇左市）、雷平（今属大新县）、龙茗（今属天等县）、养利（今属大新市）、思乐（今属宁明县）、明江（今属宁明县）等县和那马（今属马山县）、隆山（今属马山县）、天保（今属得德保县）、万承（今属大新县）、河池等县部分地区。面积约 5 万平方公里，人口约 150 万。其中壮族人口占 85% 左右，汉族占 10%，瑶族占 4%，还有苗、仡佬、毛南、彝等族。境内多是贫瘠的大石山区和丘陵山区，峰峦起伏，交通闭塞。1921 年 6 月，壮族农民运动领袖韦拔群在他的家乡东兰县武篆，开始发动农民运动，组织了改造东兰同志会，号召群众"打破不平，救家乡，救广西，救中国"，"实现社会革命"，举起了反帝反封建的革命大旗。1925 年，中国共产党开始在广西建立党组织，1926 年 8 月成立了右江地区恩（隆）奉（议）特别支部，成为右江地区革命运动的领导核心，农民运动更加迅猛发展。到 1926 年下半年，在东兰、百色、奉议、恩隆、思林、思林、果德、凤山等地，普遍建立了农民协会和自卫军，打土豪，分田地，消灭地主武装，使右江地区出现了轰轰烈烈的农村大革命局面。1928 年 6 月，在各地党组织逐步恢复的基础上，在贵县召开了中共广西特委扩大会议，中共中央代表恽代英参加了大会。此后，在广西党组织的领导下，左右江地区的革命斗争有了新的起色，为左右江革命根据地的创建奠定了基础。

左右江革命老区建立在左右江革命根据地的基础之上，涉及南宁市、百色市、河池市、崇左市、遵义市、铜仁市、黔西南布依族苗族自治州、黔东南苗族侗族自治州、黔南布依族苗族自治州和文山壮族苗族自治州所属的 60 个县（市、区），分别是罗甸县、宜州区、兴义市、隆安县、惠水县、天峨县、普安县、右江区、文山市、东兰县、贞丰县、田东县、西畴县、册亨县、那坡县、马关县、黎平县、乐业县、江州区、广南县、从江县、西林县、宁明县、荔波县、靖西市、大新县、平塘县、凭祥市、长顺县、南丹县、兴仁市、马山县、凤山县、晴隆县、田阳区、砚山县、望谟县、德保县、安龙县、凌云县、丘北县、榕江县、田林县、扶绥县、富宁县、都匀市、龙州县、独山县、平果市、天等县、金城江区、麻栗坡县、都安瑶族自治县、三都水族自治县、巴马瑶族自治县、大化瑶族自治县、隆林各族自治县、环江毛南族自治县和罗城仫佬族自治县等。2021 年，左右江革命老区行政区域土地面积为 170246.00 平方公里，户籍人口有 2405.80 万人，年末总人口有 2103.73 万人，其中乡村人口有 1951.76 万人，年末单位从业人员有 105.67 万人。

第二节　西部地区革命老区具体发展状况

一、经济发展

（一）地区生产总值/人均地区生产总值

西部革命老区由于其特殊的地理位置，大多数处于偏远山区，交通和通信网络没有那么发达。因此，相比于其他老区，西部革命老区发展大体上会稍微缓慢一些。从整体上来看，2017 年和 2021 年西部地区革命老区的地区生产总值分别为 29258.17 亿元和 36604.16 亿元，分别占我国国内生产总值的 3.54% 和 3.20%。2017～2021 年西部地区革命老区地区生产总值如图 4-1 所示。从图中可以看出，2017～2020 年西部地区革命老区 GDP 一直呈稳步上升趋势，年均增长率为 6.28%。2017～2019 年西部革命老区 GDP 增长速度较快，2019～2021 年 GDP 增长速度开始放缓，但 GDP 仍然处于上升阶段。

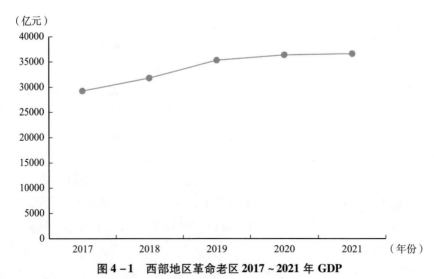

图4-1 西部地区革命老区2017~2021年GDP

资料来源：根据中国革命老区大数据平台计算得到。

再对西部地区革命老区的各个省份进行具体的分析，2017~2021年西部八省份革命老区GDP如表4-4所示。2017~2021年西部八省份革命老区GDP年均增长率如图4-2所示。可以看出，相比于其他七省份，陕西省的GDP较为领先，是西部八省份革命老区GDP唯一一个突破一万亿的省份，位于西部八省份的第一梯队。并且其早在2018年就已经突破了一万亿大关，此后在2019~2021年的GDP也都一直保持在一万亿以上。除2020年GDP略有下降以外，其他四年都一直呈增长态势，虽然GDP增长速度较为缓慢，年均增长率为5.57%。四川省和贵州省始终在西部八省份中居于第二、第三的位置，2017~2021年的GDP始终位于5000亿元之上，位于西部八省份的第二梯队。贵州省的GDP年均增长率为8.82%，但四川省的GDP年均增长率仅为3.68%，是西部八省份中GDP年均增长率最低的省份。广西壮族自治区始终在西部八省份中居于第四的位置，2017~2021年的GDP始终位于3000亿元之上，位于西部八省份的第三梯队。广西壮族自治区的GDP年均增长率为5.50%。甘肃省和宁夏回族自治区始终在西部八省份中居于第五、第六的位置，2017~2021年的GDP始终位于1000亿元之上，位于西部八省份的第四梯队。甘肃省的GDP年均增长率为12.89%，在西部八省份中居于第二位，而宁夏回族自治区的GDP年均增长率则为3.76%，在西部八省份中位于倒数第二。重庆市和云南省则始终在西部八省份中居于第七、第八的位置，2017～2021 年的 GDP 始终在 800 亿元之上，位于西部八省份的第五梯队。由于重庆市革命老区的区域面积相对来说比较小，因此在 GDP 这一指标的对比中处于弱势。重庆市的 GDP 年均增长率为 8.60%，而云南省的 GDP 年均增长率为 15.24，是西部八省份中年均增长率最高的省份。

表 4 - 4　　　　　2017～2021 年西部八省份革命老区 GDP　　　　单位：亿元

省份	2017 年	2018 年	2019 年	2020 年	2021 年
广西壮族自治区	3126.47	3138.03	3082.00	3259.96	3813.76
重庆市	887.19	992.75	1133.33	1218.94	1192.30
四川省	6838.79	7472.11	8916.05	9303.95	7845.22
贵州省	5805.16	6324.41	7114.84	7560.82	7854.04
云南省	806.83	860.71	1081.32	1185.12	1298.77
陕西省	9205.54	10210.03	10856.08	10579.91	11257.24
甘肃省	1000.19	1160.68	1271.20	1303.36	1516.06
宁夏回族自治区	1588.01	1636.59	1857.88	1947.79	1826.79

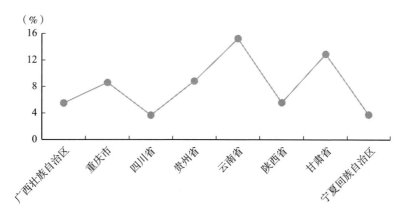

图 4 - 2　2017～2021 年西部八省份革命老区 GDP 年均增长率
资料来源：根据中国革命老区大数据平台计算得到。

相对于 GDP，人均 GDP 能够更好地反映当地经济的总体状况。表 4 - 5 为 2017～2021 年西部八省份革命老区人均 GDP。图 4 - 3 为 2017～2021 年西部八省份革命老区人均 GDP 年均增长率。可以看出，人均 GDP 的涨幅和 GDP 有着十分紧密的关系。2017～2021 年，陕西省的人均 GDP 始终遥遥领先于其余七省份，位于第一梯队，人均GDP在4.5万~6万这个区间，人均GDP年均增长率为6.25%。宁夏回族自治区的人均GDP在3.5万~4.5万这个区间，位于第二梯队，人均GDP年均增长率为4.41%。广西壮族自治区、重庆市、四川省、贵州省、云南省和甘肃省的人均GDP均稳定在1.5万~3.5万这个区间，位于第三梯队，它们的人均GDP年均增长率分别为：5.24%、8.64%、4.12%、8.56%、14.33%以及13.15%。其中，云南省在2017~2021年西部八省份革命老区中的人均GDP年均增长率最高。

表4-5　　　　　2017~2021年西部八省份革命老区人均GDP　　单位：万元

省份	2017年	2018年	2019年	2020年	2021年
广西壮族自治区	2.61	2.60	2.55	2.70	3.16
重庆市	2.48	2.77	3.16	3.40	3.34
四川省	2.62	2.89	3.47	3.59	3.05
贵州省	2.87	3.09	3.46	3.65	3.86
云南省	2.06	2.19	2.76	2.98	3.25
陕西省	4.75	5.35	5.71	5.56	5.93
甘肃省	1.78	2.07	2.27	2.33	2.72
宁夏回族自治区	3.61	3.72	4.26	4.41	4.25

资料来源：中国革命老区大数据平台。

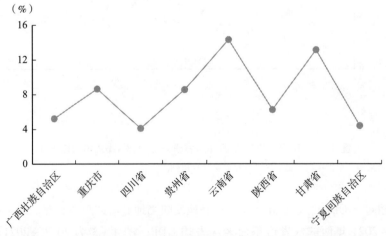

图4-3　2017~2021年西部八省份革命老区人均GDP年均增长率

资料来源：根据中国革命老区大数据平台计算得到。

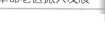

（二）第一、第二、第三产业增加值及占比

从整体上来看，2017～2021 年西部地区革命老区的三次产业增加值总体都呈上升趋势。图 4-4 和图 4-5 分别展示了 2017～2021 年西部地区革命老区三次产业增加值及其在西部地区革命老区 GDP 中的占比。可以看出，第一产业增加值呈稳步上升趋势，尽管始终远远落后于另外两个产业。此外，第一产业增加值在西部地区革命老区 GDP 中的占比也较平稳，2021 年达到最大占比 16.03%。在 2017～2019 年，西部地区革命老区第二产业增加值始终超过第三产业增加值，从 2019 年开始，第三产业增加值才开始超过第二产业增加值，并在 2020 达到最大值 15340.69 亿元。由于新冠疫情的出现，第三产业在 2020 年之后又呈下降趋势了。因此，第三产业增加值是先递增再递减，而第二产业增加值除 2019～2020 年出现递减外，其余年份都保持递增趋势。而第二、第三产业增加值在西部地区革命老区 GDP 中占比的波动走势也与第二、第三产业增加值的波动走势保持一致。第三产业增加值在西部地区革命老区 GDP 中的占比在 2020 年达到最大值，占比达到 43.21%。而第二产业增加值在西部地区革命老区 GDP 中的占比在 2020 年达到最小值，占比达到 40.77%。

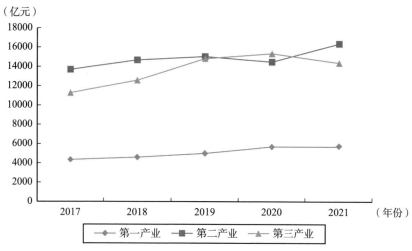

图 4-4　2017～2021 年西部地区革命老区三次产业增加值

资料来源：根据中国革命老区大数据平台计算得到。

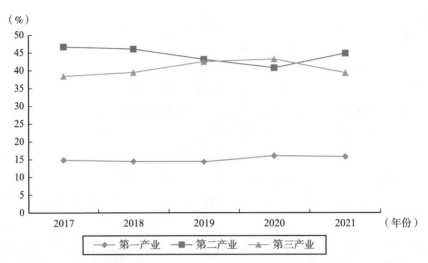

图4-5　2017~2021年西部地区革命老区三次产业增加值在GDP中的占比
资料来源：根据中国革命老区大数据平台计算得到。

再深入对各省份进行分析。表4-6为2017年西部八省份革命老区三次产业增加值与占比。可以看出，2017年，第二、第三产业增加值最高的均是陕西省，这也与陕西省的GDP遥遥领先于其他七省份相符。同时，2017年，陕西省也是西部地区革命老区中第二产业增加值在其GDP中占比第二高的省份，占比高达56.94%，这表明2017年陕西省的GDP近乎一半都是第二产业贡献的，然而，陕西省第一产业增加值占比在西部八省份中却是最低的，不到11%。云南省是2017年第一产业增加值占比最高的省份，达20.20%，这主要与云南省纬度较低，气候适宜，有着优越的农业作业条件有关；而云南省第二产业的增加值占比则在西部八省份中居于末位，仅为36.08%。甘肃省的第三产业占比则尤为突出，在西部地区革命老区中位列第一，占比高达46.24%，也就是说甘肃省的GDP大部分都是由第三产业贡献的，旅游业发展较为繁荣。贵州省的第三产业占比仅次于甘肃省，占比高达45.52%。

表4-6　　　　2017年西部八省份革命老区三次产业增加值与占比

省份	第一产业（亿元）	第二产业（亿元）	第三产业（亿元）	第一产业占比（%）	第二产业占比（%）	第三产业占比（%）
广西壮族自治区	577.67	1458.10	1090.70	18.48	46.64	34.89

续表

省份	第一产业（亿元）	第二产业（亿元）	第三产业（亿元）	第一产业占比（%）	第二产业占比（%）	第三产业占比（%）
重庆市	133.06	414.81	339.32	15.00	46.76	38.25
四川省	1183.93	2800.03	2854.79	17.31	40.94	41.74
贵州省	1019.93	2142.91	2642.32	17.57	36.91	45.52
云南省	163.02	291.09	352.72	20.20	36.08	43.72
陕西省	955.18	5274.69	3032.98	10.31	56.94	32.74
甘肃省	147.66	390.09	462.44	14.76	39.00	46.24
宁夏回族自治区	171.94	915.23	500.83	10.83	57.63	31.54

资料来源：根据中国革命老区大数据平台计算得到。

表 4-7 为 2021 年西部八省份革命老区三次产业增加值与占比。可以看出，相比于前面的 2017 年，2021 年，陕西省仍是第二产业增加值最高者，第一产业仍在三次产业增加值中占比最低，为 11.50%。2021 年，重庆市成为西部地区革命老区第三产业增加值在 GDP 中占比最高的省份，占比高达 53.44%。广西壮族自治区超越云南省成为西部地区革命老区第一产业增加值在 GDP 中占比最高的省份，占比高达 21.07%。

表 4-7　　　**2021 年西部八省份革命老区三次产业增加值与占比**

省份	第一产业（亿元）	第二产业（亿元）	第三产业（亿元）	第一产业占比（%）	第二产业占比（%）	第三产业占比（%）
广西壮族自治区	803.38	1361.61	1648.77	21.07	35.70	43.23
重庆市	172.52	379.71	633.94	14.54	32.01	53.44
四川省	1474.96	3127.39	3217.86	18.86	39.99	41.15
贵州省	1304.71	3009.60	3535.61	16.62	38.34	45.04
云南省	237.29	471.50	589.98	18.27	36.30	45.43
陕西省	1285.05	6379.54	3509.40	11.50	57.09	31.41
甘肃省	274.10	601.21	640.75	18.08	39.66	42.26
宁夏回族自治区	208.18	1032.42	596.48	11.33	56.20	32.47

资料来源：根据中国革命老区大数据平台计算得到。

（三）城乡居民人均可支配收入

表4-8为西部八省份革命老区历年城镇居民人均可支配收入。从中可以看出，2021年由于受到新冠疫情的影响，西部八省份的城镇居民人均可支配收入除四川省和云南省外都较2020年发生了大幅下降，而四川省的城镇居民人均可支配收入较2019年发生了较大幅度下降。在西部八省份革命老区中，广西壮族自治区、重庆市、贵州省、甘肃省、陕西省和宁夏回族自治区的城镇居民人均可支配收入区间在2万~4万元，位于第一梯队。四川省和云南省的城镇居民人均可支配收入区间在1万~3万元，位于第二梯队。总的来看，2017~2021年，西部八省份中只有云南省和甘肃省的城镇居民人均可支配收入实现了正增长，年增长率分别为0.15%和0.64%。而其他六省份的城镇居民人均可支配收入都呈负增长，其中四川省的年均增长率最低，为-8.19%。

表4-8　2017~2021年西部八省份革命老区城镇居民人均可支配收入　单位：万元

年份	广西壮族自治区	重庆市	四川省	贵州省	云南省	陕西省	甘肃省	宁夏回族自治区
2017	2.85	2.85	2.48	2.83	1.43	2.80	2.58	2.49
2018	3.02	3.09	2.67	3.08	1.44	2.89	2.83	2.70
2019	3.24	3.36	2.89	3.34	1.44	2.95	3.07	2.92
2020	3.37	3.54	1.40	3.55	1.43	2.54	3.23	3.03
2021	2.47	2.23	1.67	2.67	1.44	2.29	2.64	2.01

资料来源：中国革命老区大数据平台。

表4-9为西部八省份革命老区历年农村居民人均可支配收入。可以看出，西部八省份革命老区农村居民人均可支配收入变化情况大体上与其城镇居民人均可支配收入的变化情况保持一致。除四川省和陕西省从2017年开始增长到2019年后出现下降外，其余六省份都是从2017年开始增长到2020年后再出现下降的。对比表4-8和表4-9，可以明显发现西部八省份革命老区的城镇居民人均可支配收入显著地高于农村居民人均可支配收入，农村居民人均可支配收入区间大致在0.5万~1.5万元。总体来看，2017~2021年，西部八省份革命老区农村居民人均可支配收入都呈负增长，其中四川省

的年均增长率最低，为 - 10.04%。

表4-9　　2017~2021年西部八省份革命老区农村居民人均可支配收入　单位：万元

年份	广西壮族自治区	重庆市	四川省	贵州省	云南省	陕西省	甘肃省	宁夏回族自治区
2017	0.97	1.00	1.04	0.97	0.93	0.98	0.78	0.98
2018	1.07	1.10	1.13	1.07	1.02	1.04	0.85	1.07
2019	1.18	1.21	1.24	1.19	1.13	1.02	0.93	1.19
2020	1.28	1.31	0.50	1.28	1.22	0.78	1.00	1.31
2021	0.79	0.86	0.62	0.86	0.79	0.74	0.66	0.73

资料来源：中国革命老区大数据平台。

　　图4-6进一步展示了2017~2021年西部八省份革命老区城乡居民人均可支配收入差（即城镇居民人均可支配收入与农村居民人均可支配收入之差）。可以看出，在2018~2020年贵州省的城乡居民人均可支配收入差值始终居于最高位，并呈上升趋势，在2020年城乡居民人均可支配收入差值达到最大，高达2.27万元，是同年城乡居民人均可支配收入差值最低的云南省（0.22万元）的10.32倍。并且在2017年贵州省的城乡居民人均可支配收入差值（1.87万元）与位于第一的广西壮族自治区的城乡居民人均可支

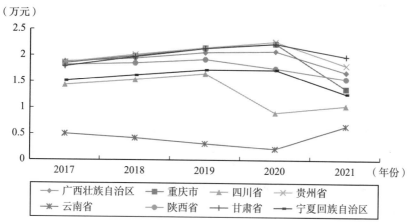

图4-6　2017~2021年西部八省份革命老区城乡居民人均可支配收入差

资料来源：根据中国革命老区大数据平台计算得到。

配收入差值（1.88万元）也仅为0.01万元。在2021年贵州省的城乡居民人均可支配收入差值（1.81万元）与位于第一的甘肃省的城乡居民人均可支配收入差值（1.98万元）相差0.17万元。从整体上来看，贵州省城乡居民人均可支配收入差值在2017~2021年波动是最小的，年均增长率为-0.73%。云南省、四川省和宁夏回族自治区城乡居民人均可支配收入差值分别位列倒数第一、倒数第二和倒数第三。

（四）地方财政一般预算收支

图4-7为西部八省份革命老区历年地方财政一般预算收入与支出。从图中可以看出，2017~2021年西部八省份革命老区地方财政一般预算支出明显高于地方财政一般支出。2017~2021年西部地区革命老区的地方财政一般预算收入一直保持在非常平稳的态势，没有明显的起伏变化，一直维持在1000亿~2000亿元。而2017~2021年西部地区革命老区的地方财政一般预算支出呈现出"先上升后下降"的发展态势，在2020年达到最大值（8465.25亿元），受疫情影响总体呈下降趋势，2021年降至7497.24亿元。

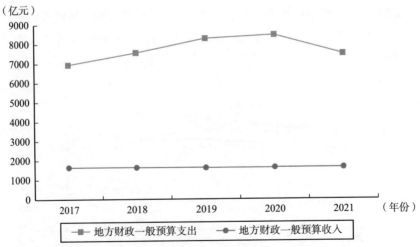

图4-7 西部八省份革命老区历年地方财政一般预算收入与支出

资料来源：中国革命老区大数据平台。

表4-10和表4-11分别展示了2017~2021年西部八省份革命老区地方财政的一般预算收入和一般预算支出。2017~2021年，西部八省份革命

老区地方财政一般预算支出的发展总趋势与西部地区的整体情况一致，都呈现出先上升后下降趋势。在西部八省份革命老区中，四川省、贵州省和陕西省的地方财政一般预算支出较高，属于第一梯队。其次是广西壮族自治区，属于第二梯队。其余四个省份的地方财政一般预算支出则属于第三梯队。再来看看 2017～2021 年西部八省份革命老区历年地方财政一般预算收入，八个省份的地方财政一般预算收入也与西部地区的整体情况一致，都保持着比较平稳的态势，起伏波动非常小。

表 4-10　　　　西部八省份革命老区历年地方财政一般预算收入　　单位：亿元

年份	广西壮族自治区	重庆市	四川省	贵州省	云南省	陕西省	甘肃省	宁夏回族自治区
2017	151.96	78.91	306.57	472.75	50.45	423.99	79.25	77.83
2018	154.67	77.05	309.51	431.28	54.64	464.92	57.31	80.84
2019	166.44	71.04	324.17	384.13	57.92	480.15	58.74	73.50
2020	171.43	75.00	364.80	365.24	59.80	459.91	60.71	74.38
2021	185.83	70.63	312.58	381.48	60.67	474.00	71.00	81.32

资料来源：中国革命老区大数据平台。

表 4-11　　　　西部八省份革命老区历年地方财政一般预算支出　　单位：亿元

年份	广西壮族自治区	重庆市	四川省	贵州省	云南省	陕西省	甘肃省	宁夏回族自治区
2017	873.38	294.83	1439.48	1510.59	292.58	1621.57	405.80	504.46
2018	959.65	340.62	1529.44	1612.25	319.14	1824.16	432.48	538.27
2019	1151.81	363.50	1612.25	1711.75	337.80	2051.26	500.23	559.23
2020	1232.19	371.13	1674.99	1691.77	353.60	2034.33	499.61	607.62
2021	1053.50	290.11	1389.22	1587.90	310.40	1852.61	497.15	516.35

资料来源：中国革命老区大数据平台。

（五）出口额

图 4-8 为西部八省份革命老区历年出口额。可以看出，2017 年和 2021 年西部地区革命老区的出口额分别为 187.79 亿美元和 155.84 亿美元，总体呈下降趋势，年均增长率为 -4.25%。由于受到国际贸易壁垒和新冠疫情的影响，西部地区革命老区出口额在 2018 年达到最大值（221.83 亿美元）

后，自 2019 年起，出口额就开始持续下降，2021 年降至 155.84 亿美元。

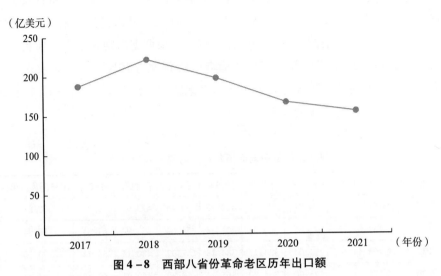

图 4 - 8　西部八省份革命老区历年出口额

资料来源：根据中国革命老区大数据平台计算得到。

　　表 4 - 12 为西部八省份革命老区历年出口额。可以看出，2017 ~ 2021
年，除了重庆市和四川省外，其余六省份出口额变化总趋势与西部地区的整
体情况一致，都呈下降趋势。2017 年出口额最高的是陕西省（70.89 亿美
元），广西壮族自治区则位列第二（22.15 亿美元）。到了 2021 年，出口额
最高的仍是陕西省（56.94 亿美元），而贵州省位列第二（38.19 亿美元）。
2017 ~ 2021 年，西部八省份革命老区的年均增长率均呈负增长，降幅最大
的陕西省的年均增长率低至 - 4.92%。

表 4 - 12			西部八省份革命老区历年出口额				单位：亿美元
年份	广西壮族自治区	重庆市	四川省	贵州省	云南省	陕西省	甘肃省	宁夏回族自治区
2017	22.15	2.81	17.65	45.92	8.17	70.89	15.49	4.72
2018	26.07	2.88	20.73	54.51	9.67	84.43	18.49	5.06
2019	22.21	2.84	23.15	47.65	8.55	73.05	15.95	4.76
2020	19.39	2.87	15.2	41.43	7.47	62.50	13.81	4.49
2021	18.28	2.8	15.74	38.19	6.75	56.94	13.27	3.88

资料来源：中国革命老区大数据平台。

（六）年末金融机构各项贷款余额

图4-9为西部八省份革命老区历年年末金融机构各项贷款余额。2017～2021年西部地区革命老区年末金融机构各项贷款余额一直呈上升态势，从2017年的21610.92亿元，上升至2021年的28583.82亿元，是2017年的1.3倍。

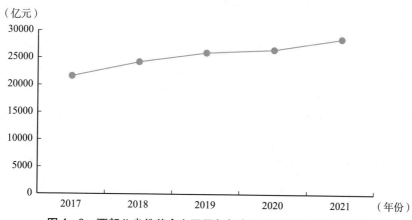

图4-9　西部八省份革命老区历年年末金融机构各项贷款余额

资料来源：根据中国革命老区大数据平台计算得到。

表4-13为西部八省份革命老区历年年末金融机构各项贷款余额。可以看出，2017～2021年，除了重庆市、四川省和宁夏回族自治区外，其余五省份年末金融机构各项贷款余额变化总趋势与西部地区的整体情况一致，都呈上升趋势。广西壮族自治区年末金融机构各项贷款余额的年均增长率最高，高达20.29%，宁夏回族自治区的年均增长率最低，为-2.33%。

表4-13　　西部八省份革命老区历年年末金融机构各项贷款余额　　　　单位：亿元

年份	广西壮族自治区	重庆市	四川省	贵州省	云南省	陕西省	甘肃省	宁夏回族自治区
2017	2131.28	919.21	6244.35	4828.81	747.30	3916.51	1347.03	1476.44
2018	2355.13	1031.92	7162.25	5671.04	858.87	4254.86	1397.79	1518.11
2019	2678.88	1213.61	6935.32	6639.85	947.61	4538.57	1463.85	1541.03
2020	3198.64	1418.63	5360.16	7474.74	1073.96	4827.64	1550.67	1649.43
2021	3860.76	1307.47	6010.80	8332.12	1163.52	4880.14	1689.98	1339.03

资料来源：中国革命老区大数据平台。

二、老区帮扶

改革开放以来，我国大力推进扶贫开发，特别是随着《国家八七扶贫攻坚计划（1994～2000年）》和《中国农村扶贫开发纲要（2001～2010年）》的实施，扶贫事业取得了巨大成就。但我国仍处于并将长期处于社会主义初级阶段。经济社会发展总体水平不高，区域发展不平衡问题突出，制约贫困地区发展的深层次矛盾依然存在。因此，国家颁布了多项政策，以更大的决心、更强的力度、更有效的举措，打好新一轮扶贫开发攻坚战。

2001年6月13日，国务院印发了《中国农村扶贫开发纲要（2001～2010年）》。2011年5月27日，中共中央、国务院印发了《中国农村扶贫开发纲要（2011～2020年）》，旨在进一步加快贫困地区发展，促进共同富裕，实现到2020年全面建成小康社会奋斗目标。2012年3月，国家发展改革委印发了《陕甘宁革命老区振兴规划》。2015年3月2日国家发展改革委印发了《左右江革命老区振兴规划》（发改西部〔2015〕388号），明确老区在发展中仍然存在许多特殊困难，需要采取更加有力的措施予以支持，加快老区经济社会发展。2016年2月1日中共中央办公厅、国务院办公厅印发了《关于加大脱贫攻坚力度支持革命老区开发建设的指导意见》，明确提出要进一步加大扶持力度，加快老区开发建设步伐，让老区人民过上更加幸福美好的生活。2018年5月7日国家发展改革委印发了《革命老区开发建设与脱贫攻坚2018年工作要点》指出要以赣闽粤原中央苏区、陕甘宁、大别山、左右江、川陕等革命老区为重点，加快实施铁路、公路、机场、水利、电网等领域一批重大基础设施项目。2020年3月10日国家发展改革委印发《革命老区脱贫攻坚和振兴发展2020年工作要点》，明确了年度重点任务，谋划落实重大政策，推进实施重大项目，深入开展产业扶贫、就业扶贫、消费扶贫、金融扶贫、科技扶贫。国家发展改革委等部门印发了《"十四五"支持革命老区巩固拓展脱贫攻坚成果衔接推进乡村振兴实施方案》，明确提出要支持全国革命老区如期打赢脱贫攻坚战，为全面建成小康社会做出积极贡献。2022年4月15日国家发展改革委印发了《革命老区振兴发展2022年工作要点》，明确指出要持续健全新时代支持革命老区振兴发展的"1+N+X"政策体系，努力营造全社会支持参与革命老区振兴发展的良好氛围。

（一）资金扶贫

从 2001 年起，中央财政设立了革命老区转移支付资金，补助对象是对中国革命做出较大贡献、财政较为困难的连片老区县（市、区），其目的是为了促进革命老区经济社会事业发展，改善革命老区人民生产生活条件。2001~2013 年，中央财政累计安排革命老区转移支付 276 亿元[①]。2018 年，中央对地方革命老区转移支付规模达到 110. 58 亿元，比上年增加 10. 06 亿元，增长 10%[②]。2021 年革命老区转移支付合计 198. 66 亿元，包括原中央苏区定额财力补助 13. 5 亿元，原中央苏区民生政策补助 45. 89 亿元。其中整个西部地区革命老区占 374547 万元，广西壮族自治区革命老区转移支付位居全国第一，高达 112325 万元，是整个西部地区革命老区转移支付总量的 30%。中央财政专项扶贫资金分配向革命老区倾斜。[③] 2017 年，安排西部地区扶贫专项资金 556. 07 亿元，占全国的 64. 58%，同比增长 27. 18%。"十三五"期间，中央财政安排专项彩票公益金 100 亿元，支持中西部 22 个省份的 396 个贫困革命老区县加快推进扶贫开发工作。[④] 财政部、国务院扶贫办关于印发《中央专项彩票公益金支持贫困革命老区脱贫攻坚资金管理办法》，进一步确保资金可以用到实处。国家开发银行印发《关于做好2020 年金融支持革命老区脱贫攻坚和振兴发展工作的意见》，明确对重大项目加大融资支持力度。

（二）产业扶贫

产业扶贫是稳定脱贫的根本之策，产业扶贫扎下根，群众脱贫有底气。2015 年以来，全国共实施产业扶贫项目 100 多万个，建设各类产业扶贫基地 30 多万个，每个贫困县都有了 2~3 个特色鲜明、带贫能力强的主导产业，产业扶贫帮扶政策覆盖 98% 以上的贫困户。[⑤] 贵州高度重视旅游扶贫工作，先后出台了《贵州省标准化助推乡村旅游高质量发展工作方案》等文

---

①　此数据来源于中央政府门户网站，https：//www. gov. cn/zhuanti/2013 – 12/31/content_2596995. htm.

②　此数据来源于经济日报，https：//www. gov. cn/xinwen/2019 – 01/05/content_5355076. htm.

③　此数据来源于财政部网站，https：//www. gov. cn/zhengce/zhengceku/2021 – 05/08/content_5605242. htm.

④　此数据来源于国家发展改革委，https：//www. ndrc. gov. cn/xxgk/jianyitianfuwen/qgzxwytaf-wgk/202107/t20210708_1289263. html#: ~ :text.

⑤　此数据来源于人民日报，https：//www. gov. cn/xinwen/2020 – 11/17/content_5561938. htm.

件，大力实施旅游扶贫九项工程，2016～2021年，累计113.87万建档立卡贫困人口受益增收，20个项目入选全国旅游扶贫示范项目。遵义花茂村、安顺"塘约经验"等案例入选世界旅游联盟旅游减贫案例。① 2018年以来，甘肃省委省政府结合甘肃实际确定了"牛羊菜果薯药"六大扶贫产业，先后制定出台了《甘肃省培育壮大特色农业产业助推脱贫攻坚实施意见》《关于完善落实"一户一策"精准脱贫计划的通知》《关于支持贫困户发展"五小"产业的指导意见》等一系列产业扶贫政策。我省全面落实产业到户扶持政策，按照人均5000元、户均不超过3万元的标准为贫困户安排到户产业扶持资金。2018年到2019年10月底，全省共落实到户种养产业扶持资金155.6亿元，共扶持贫困户109.4万户。2020年以来，甘肃省贫困地区如火如荼发展扶贫产业，贫困户特色产业种养规模迅速扩大，产业扶贫体系逐步完善。一季度全省一产增加值142.9亿元，增长2.0%，比全国平均水平高出5.4个百分点，居全国第4位；一季度全省农村居民可支配收入2746元，增长3.7%，比全国平均水平高出2.8个百分点，居全国第11位。② "十三五"以来，国家能源局积极推动涉及湘鄂渝黔四省的跨省跨区输电通道规划建设，满足受端当地负荷增长需要，助力送端省份自然资源优势转变为经济优势。云贵互联工程于2020年6月正式投运，陕北—湖北、荆门—长沙、荆门—武汉、长沙—南昌等特高压工程正推动建设，不断优化区域骨干网架，推动提升电网安全稳定运行水平。"十四五"时期，国家能源局将推动哈密至重庆特高压直流工程规划建设，满足重庆地区电力发展需要，将积极支持革命老区油气基础设施建设，在区域内规划建设川气东送二线及配套支线工程。③ 2014年，农业农村部印发了《农业行业扶贫开发规划（2012～2020年）》，进一步明确了湘鄂西、湘鄂川（渝）黔革命老区区域农业发展的思路、目标和重点。随后，又在《特色农产品区域布局规划（2013～2020年）》中将老区县市的绿茶、辣椒、莼菜、香猪等数十种特色农产品纳入规划，指导当地发展特色优势产业。

① 此数据来源于贵州日报，https：//www.gov.cn/xinwen/2021-03/17/content_5593432.htm。
② 此数据来源于甘肃日报，https：//www.gov.cn/xinwen/2020-05/21/content_5513415.htm。
③ 此数据来源于国家发展改革委，https：//www.ndrc.gov.cn/xxgk/jianyitianfuwen/qgzxwytafwgk/202112/t20211215_1307921.html。

（三）民生扶贫

交通运输部已将湘鄂西、湘鄂川（渝）黔革命老区范围内的集中连片特困地区、国贫县、少数民族县全部纳入国家《"十三五"交通扶贫规划》，并不断加大政策倾斜和工作力度，大幅提升交通建设中央资金补助标准。国家发展改革委支持甘肃省实施了黄河甘肃段防洪工程、引洮供水二期工程、甘肃中部生态移民扶贫开发供水工程等重大水利工程，以及中小河流治理、坡耕地水土流失综合治理、大型灌区续建配套节水改造等工程建设，促进提高区域防洪抗旱排涝能力。"十三五"以来，国家发展改革委会同有关部门和地方，深入学习贯彻习近平总书记关于扶贫工作的重要论述，按照"中央统筹、省负总责、市县抓落实"的工作机制，全力推进搬迁安置和后续扶持各项工作。"十三五"期间，全国累计投入以工代赈资金近300亿元，为贫困地区提供了110多万个短期就近就业岗位，向参与务工的贫困群众发放劳务报酬近40亿元，支持中西部20余个省份实施了一大批基本农田、乡村道路、水土流失治理、林业草场建设等民生工程。这些扶贫与扶志、扶智有机结合的项目帮助一批批贫困群众立稳脚跟、自力更生、光荣脱贫，开启新生活。[①] 国务院办公厅印发实施了《关于深化产教融合的若干意见》，积极推进贫困地区学生到城市优质职业学校就学，引导加强东部对口西部、城市支援农村职业教育扶贫力度，构建政府企业学校行业社会协同参与的体制机制。强化技能培训机制方面，2017 年，国家民委所属 6 所高校共计投入资金1225 万元，举办各类培训班 98 期，共计培训湘鄂西、湘鄂川（渝）黔革命老区干部和专业技术人员 7792 人次。农业农村部开展了主要面向贫困地区的农村实用人才带头人示范培训，2017 年共举办示范培训班 177 期，涉及革命老区 3400 人次。教育部通过加强农民工学历继续教育与非学历培训，职业教育东西协作促进劳动力转移就业等工作，不断增强革命老区和少数民族地区人民群众增收能力。着力民族教育方面，教育部结合实际调整民族地区招生专业结构，开展民族民间文化进校园活动，推进民族地区少数民族文化产业发展。同时，在湘鄂西、湘鄂川（渝）黔地区布局工程研究中心 68 个，创建重点院校、科研机构与革命老区、民族地区经济产业融合发

① 此数据来源于振兴司，https：//www.ndrc.gov.cn/fggz/dqzx/tpgjypkfq/202103/t20210331_1271269.html.

展的新路径。国家民委依托所属高校，广泛开展校地合作，实施职业教育精准扶贫，选派科研团队参与地方产业发展，为地方政府决策提供技术和智力支持。[①]

（四）生态扶贫

2013年起，甘肃庆阳市开始实施"再造一个子午岭"工程。子午岭横跨陕甘两省，是黄土高原中部面积最大的落叶阔叶天然次生林。2013～2020年，庆阳市累计完成造林730.85万亩，其中，华池县全县近60万亩宜林荒山得到治理，9成农户在培育、出售苗木中实现增收或脱贫，3000多人在生态护林中就业。[②] 为解决生态保护与经济发展、粮食安全、脱贫攻坚等问题，陕西省延安市委、市政府探索实践了"山上退耕还林保生态，山下治沟造地惠民生"的综合治理模式。通过近20年的奋斗，全市植被覆盖度由2000年的46.35%提高到2017年的81.3%，年均降雨量平均增加了100毫米。实现了每造1亩沟坝地可退耕3～5亩，支撑巩固了退耕还林成果，达到了"退得了、稳得住、不反弹、能致富"的目标。[③] 昔日沟壑纵横黄土高坡又成陕北的"好江南"，山川大地逐步实现了由黄变绿的沧桑巨变。四川省人民政府办公厅印发的《2018年川陕革命老区振兴发展重点工作推进方案》，明确提出要加快建设秦巴生物多样性重点生态功能区，深入实施绿化全川行动方案，积极开展天然林资源保护、新一轮退耕还林还草、生物多样性保护等重大生态保护与建设工程，推进万源市、旺苍县、青川县、通江县、平武县森林草原湿地生态屏障重点县建设。

（五）发展成果

重庆市在2020年实现了14个原国家扶贫开发工作重点区县（含自治县，以下简称"区县"）、4个原市级扶贫开发工作重点区县全部脱贫摘帽，1919个原贫困村脱贫出列，累计动态识别的原190.6万建档立卡贫困人口

---

① 此数据来源于地区司，https：//www.ndrc.gov.cn/xxgk/jianyitianfuwen/qgrddbjyfwgk/202107/t20210708_1289369.html.

② 此数据来源于澎湃新闻，https：//www.thepaper.cn/newsDetail_forward_24030869.

③ 此数据来源于共产党员网，https：//www.12371.cn/2019/07/18/ARTI1563440074347873.shtml.

全部脱贫。[①] 脱贫攻坚战的全面胜利，为推动乡村振兴奠定了坚实基础，增添了"十四五"时期巩固拓展脱贫攻坚成果、接续做好乡村振兴这篇大文章的信心和底气。大幅提高了脱贫群众收入水平。14 个原国家扶贫开发工作重点区县农村常住居民人均可支配收入由 2015 年的 9120 元增加到 2020 年的 15019 元，原建档立卡贫困人口人均纯收入由 2015 年的 5012 元增加到 2020 年的 12303 元。通过脱贫攻坚的持续扶持，实现县县有主导产业、乡乡有产业基地、村村有增收项目、户户有脱贫门路。极大改善了农村生产生活生态条件。全市行政村通畅率由 2015 年的 87% 提高至 2020 年的 100%，农村脱贫人口供水入户比例达 99.7%。完成脱贫人口易地扶贫搬迁 25.2 万人，改造农村危房 30.9 万户。建成村卫生室 9914 个，农村 5230 所义务教育学校（含教学点）办学条件达到基本要求。所有脱贫村通宽带、4G 信号全覆盖，农村电网供电可靠率达 99.8%。脱贫群众出行难、饮水难、用电难、上学难、看病难、通信难等问题普遍得到解决。明显加快了脱贫地区发展。"十三五"时期，14 个原国家扶贫开发工作重点区县、4 个原市级扶贫开发工作重点区县 GDP 年均增速 7.6%，比全市平均增速高 0.4 个百分点，脱贫地区发展驶入"快车道"。有效提升了农村基层治理能力。全市 5800 个驻乡驻村工作队、5.71 万名驻村工作队员（含第一书记）、20 余万名结对帮扶干部扎根一线，回引本土人才 1.59 万名，1919 个脱贫村均有村级集体经济收入，基层党组织战斗堡垒作用明显增强，基层干部素质能力有效提升，党在农村的执政基础不断夯实。显著提振了干部群众精气神。[②]

截至 2020 年底，四川省全省 88 个贫困县全部摘帽，11501 个贫困村全部出列，625 万建档立卡贫困人口全部脱贫。与全国同步全面建成小康社会。农业经济提质升位。2021 年，全省农林牧渔业总产值 9383.3 亿元，比 2016 年增加 2566.4 亿元，平均增长 4.6%（按可比价计算）。农业经济实现高位提升，经济总量由 2016 年的全国第 4 位上升至 2021 年的第 2 位。农村事业全面进步。截至 2020 年，全省实现"乡乡通油路，村村通硬化路"，农村人居环境整治完成农村改厕 1520.3 万户，农村卫生厕所普及率达到 82.8%，生活垃圾、生活污水得到有效处理的村达到 93.5% 和 60.1%。农

① 此数据来源于政策法规处，https：//fpb. cq. gov. cn/zwgk _231/zcjd/202201/t20220119 _ 10317349. html.
② 此数据来源于重庆市乡村振兴局，https：//fpb. cq. gov. cn/zwgk _231/fdzdgknr/zylyxxgk/ 202101/t20210121_8794549. html.

村文教卫事业不断进步。农民生活显著提高。2021 年，全省农村居民人均可支配收入 17575 元，比 2016 年增加 6372 元，平均增长 9.4%，城乡居民收入差距由 2.53∶1 缩小至 2.36∶1。①

贵州省在 2020 年减少贫困人口 30.83 万。全年共有 9 个剩余贫困县摘帽，312 个剩余贫困村出列。党的十八大以来，全省 923 万贫困人口全部脱贫，66 个贫困县全部摘帽，9000 个贫困村全部出列，彻底撕掉了贵州千百年来绝对贫困的标签。全年全省农林牧渔业总产值 4358.62 亿元，比上年增长 6.5%。其中，种植业总产值 2781.80 亿元，增长 7.7%；林业总产值 293.66 亿元，增长 8.2%；畜牧业总产值 1019.01 亿元，增长 2.8%；渔业总产值 61.09 亿元，增长 6.4%。全年全省一般公共预算支出 5723.27 亿元，比上年下降 3.8%。其中，扶贫支出 567.05 亿元，增长 1.9%。卫生健康支出 566.15 亿元，增长 5.9%；社会保障和就业支出 678.85 亿元，增长 15.2%；教育支出 1072.20 亿元，增长 0.4%。全年全省居民人均可支配收入 21795 元，比上年增长 6.9%。按常住地分，城镇居民人均可支配收入 36096 元，增长 4.9%；农村居民人均可支配收入 11642 元，增长 8.2%。全年全省居民人均消费支出 14874 元，比上年增长 0.6%。按常住地分，城镇居民人均消费支出 20587 元，下降 3.8%；农村居民人均消费支出 10818 元，增长 5.8%。年末全省拥有普通小学 6855 所，在校生 397.27 万人；初中学校 2020 所，在校生 178.07 万人；普通高中 471 所，在校生 97.52 万人；中等职业教育（学校）184 所，在校生 40.36 万人；普通高等学校 75 所，在校生 84.02 万人。年末全省共有卫生机构 2.89 万个，其中医院、卫生院 0.28 万个；专业公共卫生机构 322 个，其中疾病预防控制中心 100 个。年末卫生机构床位 27.53 万张，其中医院、卫生院床位 25.98 万张。年末卫生技术人员 28.96 万人，其中执业（助理）医师 9.90 万人，注册护士 13.19 万人。研究生培养单位 10 个，在学研究生 2.77 万人。九年义务教育巩固率 95.0%，高中阶段毛入学率 90.7%，高等教育毛入学率 41.6%。②

云南省经过 8 年接续奋斗，在 2020 年如期完成了新时代脱贫攻坚目标任务，933 万农村贫困人口全部脱贫，8502 个贫困村全部出列，88 个贫困

---

① 此数据来源于四川日报，https：//www.sc.gov.cn/10462/10464/10797/2022/5/10/bfdbb928 559b4a71a142ec6c9c4ab122.shtml.

② 此数据来源于贵州省统计局，https：//www.guizhou.gov.cn/zwgk/zfsj/tjgb/202109/t2021091 3_70088474.html.

县全部摘帽，11 个"直过民族"和"人口较少民族"实现整体脱贫，困扰云南千百年的绝对贫困问题得到历史性解决，创造了彪炳史册的人间奇迹。特别是全省脱贫人口人均纯收入从 2015 年的 2785.23 元增加到 2021 年的 12266.75 元，年平均增长 28.03%，增速高于全国平均水平 8 个百分点，高于全省农村居民可支配收入平均增速 18.5 个百分点，脱贫群众的获得感、幸福感、安全感显著增强。[①] 云南推动扶贫产业覆盖建档立卡户达到 168.53 万户，各类新型经营主体 168.03 万贫困户建立利益联结。就业扶贫方面，云南坚持一手抓外出务工、一手抓就近就地就业，今年贫困劳动力外出务工人数达到 318.19 万人，公益岗位聘用贫困劳动力 44.31 万人。易地扶贫搬迁方面，云南完成历史上规模最大的百万人大搬迁，全省搬迁建档立卡贫困人口 99.6 万人、随迁人口 50 万人，建成集中安置区 2832 个，现已全部搬迁入住。[②] 在全省只能保证行政村道路硬化的情况下，云南对"直过民族"和沿边、抵边地区采取了特殊措施，通到自然村，实施通村公路硬化，共建设村组道路 8444 公里。基本公共服务优先。在"直过民族"和人口较少民族聚居区，在办好义务教育的同时，加大学前教育和高中教育资助力度。产业扶贫优先。在"直过民族"和人口较少民族聚居区，共扶持农业龙头企业 164 个，培育农村专业合作组织 670 个。就业保障优先。实施技能专项扶贫行动，开展就业培训 18.43 万人次。[③]

陕西省 2020 年包括陕西省铜川市印台区等在内的总计 29 个县（区）脱贫退出贫困县序列，至此，陕西全部 56 个贫困县（区）实现"摘帽"，465 万建档立卡贫困人口全部脱贫，绝对贫困和区域性整体贫困问题得到历史性解决，脱贫攻坚战取得全面胜利。陕西省人民政府在公告中称，根据《中共中央办公厅　国务院办公厅印发〈关于建立贫困退出机制的意见〉的通知》《陕西省贫困县退出专项评估检查实施办法》规定，按照贫困县退出程序，铜川市印台区、铜川市耀州区、白水县、佳县、清涧县、子洲县、汉中市南郑区、城固县、洋县、勉县、西乡县、略阳县、镇巴县、宁强县、安康市汉滨区、平利县、旬阳县、石泉县、紫阳县、白河县、汉阴县、宁陕

---

① 此数据来源于云南省网上新闻发布厅，https：//www.yn.gov.cn/ynxwfbt/html/2022/zuixinfabu_0621/4723.html.

② 此数据来源人民网，http：//rmfp.people.com.cn/n1/2020/1208/c406725-31959311.html.

③ 此数据来源于经济日报，https：//finance.sina.com.cn/tech/2020-12-09/doc-iiznctke5525047.shtml.

县、岚皋县、商洛市商州区、洛南县、山阳县、丹凤县、商南县、柞水县29个县（区），已经通过县级自查自评、市级核查、省级专项评估检查，符合国家规定的贫困县退出标准。经研究，同意铜川市印台区等29个县（区）退出贫困县序列。陕西地处吕梁山区、六盘山区、秦巴山区三大集中连片贫困带，是全国脱贫攻坚任务较重的省份之一，全省曾有56个贫困县（区），经过多年持续努力，陕西2017年实现4个县（区）"摘帽"、48.8万人脱贫；2018年实现23个县（区）"摘帽"、104.5万人脱贫。2019年作为脱贫攻坚任务繁重的一年，包括10个深度贫困县（区）在内的剩余29个贫困县（区）全部"摘帽"，全年实现57.88万贫困人口脱贫。[1]

甘肃省2020年，面对新冠疫情和暴洪泥石流灾害等多重挑战，甘肃举全省之力向绝对贫困发起总攻，58个国家片区贫困县和17个省定插花型贫困县全部脱贫摘帽，7262个贫困村全部退出，现行标准下农村贫困人口全部脱贫，决战脱贫攻坚取得决定性胜利，全面建成小康社会取得历史性成就。甘肃省贫困人口从2013年底建档立卡的552万减少到2019年底的17.5万，贫困发生率由26.6%下降到0.9%，75个贫困县已有67个脱贫摘帽、占89%，7262个贫困村已有6867个退出贫困序列，占94.6%。2020年，甘肃剩余8个县394个贫困村17.5万人口，全面实现脱贫任务。2018~2020年，安排"两州一县"和其他18个省定深度贫困县财政专项扶贫资金约397.5亿元，年均增长19.2%，占全省的65.3%；其中，"两州一县"约166.3亿元，年均增长19.5%，占全省的27.3%。贫困家庭失学辍学学生应返尽返，乡村两级基本医疗"空白点"全面消除，建档立卡贫困人口参保全覆盖，动态新增危房改造全部完成。饮水安全问题得到历史性解决。49.9万建档立卡贫困人口易地扶贫搬迁任务全面完成。教育精准扶贫国家级示范区建设成效明显。2020年底，贫困村已全面实现"两不愁三保障"，贫困地区面貌发生翻天覆地的变化。[2]

广西壮族自治区2020年全区634万建档立卡贫困人口全部脱贫、5379个贫困村全部出列、54个贫困县全部摘帽，历史性地消除了绝对贫困。全年贫困地区（33个原国家贫困县）农村居民人均可支配收入13140.8元，比上年名义增长9.9%，扣除价格因素，实际增长6.2%。全年全区空气质

---

① 此数据来源于新华社，https：//www.gov.cn/xinwen/2020-02/27/content_5484093.htm.
② 新西部网，http：//www.xxbcm.com/info/1013/68742.htm.

量优良天数比例 97.7%，细颗粒物（PM2.5）年平均浓度比上年下降16.1%，地表水考核断面水质优良率 100%。年末全区政府法定债务余额控制在自治区人大批准的限额之内。金融风险总体可控。全年全区城镇新增就业 36.52 万人，比上年少增 4.85 万人。年末城镇登记失业率为 2.77%。全区农民工总量 1258.1 万人，比上年下降 2.3%。其中，外出农民工 853.7 万人，下降 4.5%；本地农民工 404.4 万人，增长 2.9%。全年全区居民消费价格比上年上涨 2.8%。工业生产者出厂价格下降 0.6%。工业生产者购进价格下降 1.5%。农产品生产者价格上涨 15.5%。[①]

宁夏回族自治区坚持精准方略、尽锐出战，聚焦贫困县、贫困村、贫困户，持续发力防松劲、严把标准防闯关、巩固成果防返贫，全面开展"四查四补"，精准攻克堡垒县、精准督战薄弱村、精准帮扶重点户，彻底解决了贫困群众基本生产生活问题，现行标准下 80.3 万建档立卡贫困人口全部脱贫，1100 个贫困村全部出列，9 个贫困县（区）全部摘帽，区域性整体贫困全面解决，历史性地解决了绝对贫困问题。贫困地区农村居民人均可支配收入由 2012 年的 4856 元增加到 2020 年的 11624 元，增长 2.4 倍。100 多万群众从"穷山沟"搬到了"米粮川"，数万贫困家庭的孩子享受到了更公平的教育，村村建成了标准化卫生室，健康扶贫政策、基本医保、大病保险实现了全覆盖，170 多万贫困群众搬出危窑危房、住进安全房。2020 年西海固地区经济增长 7.2%，高于全区 3.3 个百分点，实现了县有主导产业、乡有特色产业、村有致富产业、户有增收项目。贫困地区行路难、吃水难、用电难、通信难等问题得到了根本性解决，实现了县县通高速路、乡乡通柏油路、村村通硬化路。中南部城乡安全饮水工程让 110 多万贫困群众告别了苦咸水，喝上了安全水，宁夏大地"旧貌"换"新颜"。[②]

三、社会进步

（一）在校生人数分析

普通小学在校生数占比是指普通小学在校生数在年末总人口中的占比。

---

①　广西壮族自治区统计局，http://tjj.gxzf.gov.cn/tjsj/xwfb/tjxx_sjfb/t8328464.shtml.
②　宁夏回族自治区人民政府，https://www.nx.gov.cn/zwgk/qzfwj/202112/t20211221_3240314.html.

图4-10为西部八省份革命老区历年普通小学在校生数占比。可以看出，2017~2021年四川省普通小学在校生数占比始终位居末位，占比始终最小。西部八省份中，广西壮族自治区、贵州省、云南省、陕西省和甘肃省的普通小学在校生数占比实现了正增长，其中，甘肃省是年均增长率最高的省份，达1.53%。重庆市、四川省和宁夏回族自治区的普通小学在校生数占比均呈负增长，其中，重庆市是降幅最大的省份，年均增长率低至-1.96%。

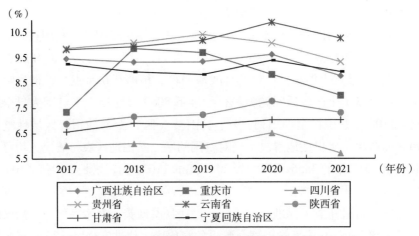

图4-10　西部八省份革命老区历年普通小学在校生数占比

资料来源：根据中国革命老区大数据平台计算得到。

普通中学在校生数占比是指普通中学在校生数在年末总人口中的占比。图4-11为西部八省份革命老区历年普通中学在校生数占比。西部八省份中，广西壮族自治区、重庆市、四川省、贵州省、云南省和陕西省的普通中学在校生数占比实现了正增长，其中，云南省是年均增长率最高的省份，达6.10%。甘肃省和宁夏回族自治区的普通小学在校生数占比均呈负增长，其中，甘肃省是降幅最大的省份，年均增长率低至-0.58%。

中等职业教育学校在校生数占比是指中等职业教育学校在校生数在年末总人口中的占比。图4-12为西部八省份革命老区历年中等职业教育学校在校学生数占比。可以看出，西部八省份中，广西壮族自治区、四川省、陕西省、甘肃省和宁夏回族自治区的中等职业教育学校在校生数占比实现了正增长，其中，陕西省是年均增长率最高的省份，达12.20%。重庆市、贵州省和云南省的普通小学在校生数占比均呈负增长，其中，云南省是降幅最大的省份,年均增长率低至 - 3.04% 。值得注意的是,四川省从 2019 年的中等职业教育学校在校学生数占比的 0.81% 突增到 2020 年的中等职业教育学校在校学生数占比的 1.28% ,在 2021 年占比达到最大值,随后又呈下降趋势。

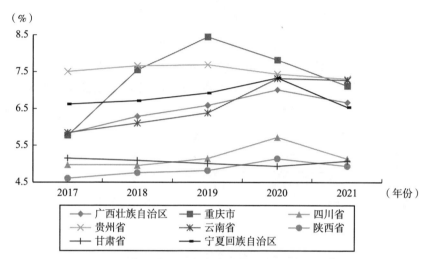

图 4 – 11 西部八省份革命老区历年普通中学在校生数占比

资料来源:根据中国革命老区大数据平台计算得到。

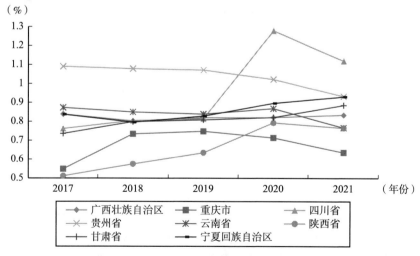

图 4 – 12 西部八省份革命老区历年中等职业教育学校在校学生数占比

资料来源:根据中国革命老区大数据平台计算得到。

（二）公共图书馆藏书量

图 4 - 13 为西部八省份革命老区历年公共图书馆总藏量。可以看出，2017 ~ 2021 年重庆市公共图书馆总藏量始终位居末位。西部八省份中，公共图书馆总藏量均呈负增长。其中，四川省是降幅最大的省份，年均增长率低至 4.49%。从整体上来看，宁夏回族自治区、甘肃省、云南省和重庆市在 2017 ~ 2021 年公共图书馆总藏量的波动较小，一直呈比较平稳的状态。2017 ~ 2021 年陕西省公共图书馆总藏量始终位居首位，但它的趋势整体上是呈递减趋势的。陕西省在 2018 年达到公共图书馆总藏量最大，为 8571 千册，年均增长率为 − 4.17%。

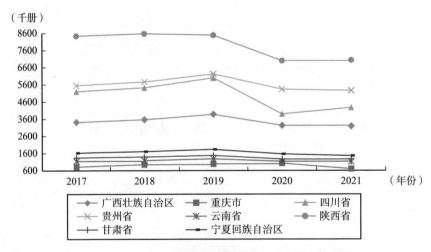

图 4 - 13　西部八省份革命老区历年公共图书馆总藏量

资料来源：根据中国革命老区大数据平台计算得到。

（三）医疗卫生

图 4 - 14 为西部八省份革命老区历年医院、卫生院床位数。可以看出，2017 ~ 2021 年，前五名地区的排名都非常稳定，分别为四川省、贵州省、陕西省和广西壮族自治区和甘肃省；后三名地区的排名略有变动，但是它们基本上是接近的。从整体发展态势来看，2017 ~ 2021 年西部地区医院、卫生院床位数总体呈上升趋势。在西部八省份中，所有省份都实现了年均增长率正增长。其中，甘肃省是增幅最大的省份，年均增长率高达 8.74%。广

西壮族自治区、贵州省和云南省的年均增长率分别位于第二、第三、第四。年均增长率分别为 8.31%、7.90% 和 7.80%。重庆市是增幅最小的省份，年均增长率高达 2.00%。

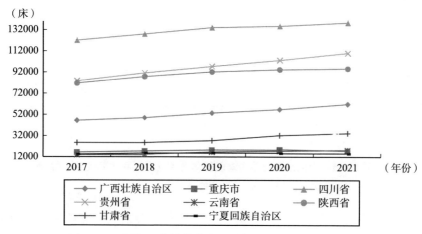

图 4-14 西部八省份革命老区历年医院、卫生院床位数

资料来源：根据中国革命老区大数据平台计算得到。

（四）其他社会保障

其他社会保障可以从各种社会福利收养性单位数和床位数中反映出来。图 4-15 为西部八省份革命老区历年各种社会福利收养性单位数。可以看出，四川省的各种社会福利收养性单位数遥遥领先于其余七省份，并且在 2020 年达到最大值 1331.50 个，2021 年降至 943.96 个，但仍远超其余七省份，在西部地区位于第一梯队。广西壮族自治区的降幅最大，从 2017 年拥有各种社会福利收养性单位数 955 个降至 2021 年拥有各种社会福利收养性单位数 178 个。贵州省和陕西省的各种社会福利收养性单位数始终维持在 600 个以上，位于第二梯队。而重庆市、甘肃省、宁夏回族自治区和云南省的各种社会福利收养性单位数在 200 个以下，位于第三梯队。从整体上看，云南省和陕西省是唯一两个年均增长率为正增长的省份，分别为 28.95% 和 3.84%。

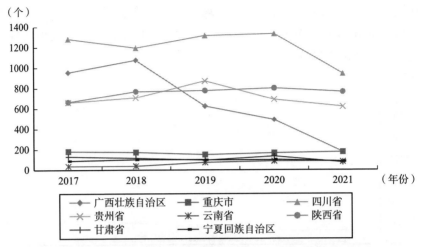

图4-15 西部八省份革命老区历年各种社会福利收养性单位数

资料来源：根据中国革命老区大数据平台计算得到。

图4-16为西部八省份革命老区历年各种社会福利收养性单位床位数。可以看出，2017～2021年，四川省的各种社会福利收养性单位床位数下降幅度最为明显，从2017年拥有各种社会福利收养性单位床位数118231张降至2021年拥有各种社会福利收养性单位床位数74749张，一直呈下降趋势。而陕西省在2017～2021年的各种社会福利收养性单位床位数一直呈上升趋势，从2017年拥有各种社会福利收养性单位床位数54104张增至2021年拥

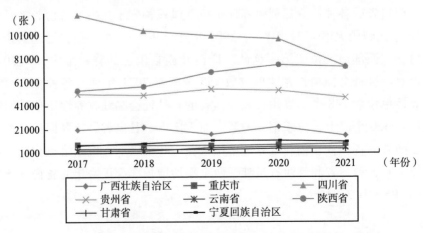

图4-16 西部八省份革命老区历年各种社会福利收养性单位床位数

资料来源：根据中国革命老区大数据平台计算得到。

有各种社会福利收养性单位床位数 74305 张。从整体来看，广西壮族自治区、四川省和贵州省是在西部八省份中年均增长率为负的省份。其中，年均增长率最低的是四川省，年均增长率为 –9.19%。

第三节　西部地区革命老区振兴之路

一、西部地区革命老区发展特征

党的十八大以来，国务院先后批准印发支持陕甘宁、左右江、川陕等革命老区振兴发展的政策文件或规划，促进了西部地区革命老区脱贫攻坚和全面建成小康社会目标任务的实现。国家部署实施了一批支持措施和重大项目，助力西部地区革命老区如期打赢脱贫攻坚战，持续改善基本公共服务，发挥特色优势推进高质量发展，为全面建成小康社会做出了积极贡献。在西部革命老区振兴发展的过程中，主要表现为以下几个特征：

一是加强基础设施网络建设，促进西部地区革命老区经济发展。加大支持铁路总公司进一步拓宽资金筹措渠道，扩大铁路建设债券发行规模，筹措更多资金用于铁路建设；继续安排中央预算内资金支持西部革命老区扶贫公路建设，对西部革命老区机场建设给予支持；加大革命老区重大水利、公路等基础设施建设；推动相关能源规划贯彻落地，加快西部革命老区农村电网改造升级，特别是国家扶贫开发工作重点县、集中连片特困地区以及革命老区的农村电网改造升级。加大对革命老区水利工程的倾斜支持力度。在公共服务方面，对于基本公共服务领域中央预算内项目补助明确向革命老区、贫困地区倾斜，中央预算内投资对西部地区按测算总投资 80% 的控制比例予以补助，远高于东中部地区。"十三五"以来，共安排中央投资 706.4 亿元支持医疗卫生服务体系建设。安排中央预算内投资 330 亿元支持西部地区教育基础设施建设，超过总投资的 60%，加快改善西部贫困地区和革命老区群众上学、就医、享受文化生活等公共服务条件。①

---

① 此数据来源于西部司，https：//www.ndrc.gov.cn/xxgk/jianyitianfuwen/qgzxwytafwgk/202107/t20210708_1289263.html#：~：text.

二是弘扬传承红色文化，促进革命老区红色旅游发展。陕北延安作为中国革命的圣地，拥有深厚的红色革命历史底蕴，通过开发红色旅游线路如延安革命圣地景区、枣园等景点，吸引着大批游客慕名而来，感受红色文化的独特魅力。四川雅安作为抗日战争时期的重要战场，保留着许多抗战遗址和纪念馆，如抗大纪念馆、抗大旧址等，通过开展抗战主题旅游，生动展现了当年英勇抗战的场景，让人们铭记历史、缅怀先烈。甘肃中卫革命旧址群也是红色旅游的热门目的地，修缮和开发的八路军驻地、八路军办事处等旧址，吸引着游客深入了解革命历史，感受那段波澜壮阔的岁月。这些努力不仅丰富了西部革命老区的旅游资源，同时也为当地经济社会发展注入新的活力，展示了红色文化在当代的持续传承和发展。

三是促进绿色转型发展，促进生态保护和经济发展、民生保障相得益彰。甘肃陇南老区在发展绿色产业和生态旅游业方面取得了显著进展，通过推动特色农业和生态农业建设，促进了经济的绿色转型和生态保护。西藏昌都老区则以发展生态旅游和生态农业为重点，实现了经济增长与生态环境保护的协调发展，为当地民生改善和经济发展做出了积极贡献。青海海北老区注重推动绿色能源产业发展，同时致力于生态环境修复和保护工作，展示了经济发展与生态环境协调发展的示范。这些西部地区革命老区的努力和成就都体现了它们在绿色发展和可持续发展道路上的探索和进步。

二、西部地区革命老区发展存在的问题

经过多年的努力和发展，西部地区革命老区虽然取得了一定的成就，但仍然面临着诸多问题和挑战。这些问题不仅影响着当地经济社会的可持续发展，也制约着居民生活水平的提升。西部地区革命老区在发展过程中存在的问题，主要表现为以下几个方面：

一是基础设施条件较差，经济社会发展滞后，缩小与发达地区的差距任务艰巨。例如，甘肃陇南地区缺乏现代化交通网络和通信条件；四川凉山彝族自治州地势复杂，基础设施建设滞后，交通不便；云南文山壮族苗族自治州医疗教育资源匮乏；西藏昌都地区缺乏现代化的交通、通信和医疗设施。这些都反映了西部地区革命老区在基础设施条件和经济社会发展方面所面临的挑战，缩小与发达地区的差距任务确实十分艰巨。

二是农业生产条件有限，劳动力素质不高，尚未形成特色优势产业体

144

系。比如，陕西延安地区土地贫瘠、气候恶劣，限制了农业发展；甘肃宁夏回族自治区河西走廊地区干旱少雨，农业生产困难重重。这些地区劳动力缺乏现代化农业技术和管理经验，使得农业生产水平相对较低，尚未形成特色优势产业体系。因此，需要加大投入改善农业基础设施、提升劳动力技能水平，推动产业结构优化升级，以实现农业可持续发展和经济转型升级的目标。

三是基本公共服务水平较低，教育、医疗等民生短板明显。例如，云南红河哈尼族彝族自治州，由于地处偏远山区，许多学校缺乏现代化设施和优质的教育资源。学生面临长途跋涉上学、教学条件差等问题，影响他们接受良好教育的机会。同时，医疗资源匮乏，一些偏远地区居民就医难度大，很多村镇缺乏医疗机构，导致看病需求难以满足。而在四川凉山彝族自治州，由于地理环境复杂，教育资源和医疗条件同样受限。学校设施简陋，教学质量参差不齐，医疗资源不足，医疗服务水平有待提升，居民面临着就医难、就医贵的问题。因此，针对西部地区革命老区在教育和医疗方面面临的困境，政府应进一步加大投入，改善基础设施建设，提升服务水平，以改善居民生活质量和促进社会发展。

四是生态保护与经济发展矛盾较为突出。例如四川阿坝藏区，阿坝地区是我国藏区的重要代表之一，拥有独特的高原生态环境和文化景观。在发展旅游业和畜牧业的同时，如何保护好高原生态环境，避免过度开发带来的生态破坏，是一个亟待解决的问题。内蒙古额济纳旗位于我国西北边陲，是中国沙漠中的绿洲，生态环境脆弱而独特。该地区既面临着草原生态退化和沙漠化的威胁，又需要发展旅游业和生态农业来改善当地居民的生活，如何在保护生态环境的同时实现经济可持续发展是一个重要课题。因此，生态保护与经济发展矛盾的问题不可忽视。

三、西部地区革命老区发展展望

在西部地区的革命老区，岁月沉淀了一片神秘而悠远的历史画卷。这里是革命先烈浴血奋战、披荆斩棘的热土，是革命理想和信念的摇篮，是中华民族伟大复兴的见证者和见证者。如今，这些地方正蓄势待发，展现出璀璨的发展前景。优美的自然风光、丰富的资源禀赋以及独特的人文底蕴，为这片土地增添了灿烂的色彩。经济的腾飞，是西部地区革命老区发展的重要引擎。这里拥有丰富的矿产资源和农业资源，为当地经济发展提供了重要支撑。同时，国家对西部地区的扶持力度不断增加，基础设施建设和产业发展蓬勃兴起，为革命老区的经济转型升级打下坚实基础。生态的保护，是西部地区革命老区可持续发展的重要保障。这里山清水秀、空气清新，生态环境优美。近年来，政府和社会各界加大了生态环保力度，推动绿色发展，保护生态环境，努力打造宜居宜游的生态旅游目的地。

文化的传承，是西部地区革命老区独特魅力的源泉。这里承载着丰富多彩的民俗文化和革命历史，是中华民族精神文化的重要组成部分。通过挖掘和保护当地的历史文化遗产，可以更好地传承红色基因，激励人们砥砺前行，为实现中华民族伟大复兴奋斗不息。西部地区革命老区，正以崭新的姿态，迎接着时代的挑战，谱写着发展的壮丽篇章。经济的繁荣、生态的宜居、文化的繁荣，交织成一幅绚丽多彩的画卷，展现出了曙光乍现的希望与未来。在全社会的共同努力下，西部地区革命老区的明天一定会更加美好，焕发出新的生机和活力，为中华民族伟大复兴梦想注入源源不断的力量和信心。

案例篇

第五章

赣南革命老区案例研究

第一节　赣南革命老区概况

一、赣南老区形成背景

赣南革命老区是毛泽东思想的重要发祥地，也是土地革命战争时期中央苏区的主体与核心。1927 年，国民党右派对共产党发动全面清算，中共被迫转入地下，在这一时期，中国共产党开始在赣南等地进行农村革命运动的初步探索。1927 年 10 月，毛泽东率领湘赣边界秋收起义的工农革命军，开始创建以宁冈为中心的井冈山农村革命根据地。1929 年 1 月，红四军主力离开井冈山，进军赣南，拉开了创建中央革命根据地的帷幕。1931 年 11 月 7 日，中华苏维埃共和国临时中央政府在赣南瑞金宣告成立。临时中央政府和中央军委在江西瑞金的成立，标志着以瑞金为中心的中央革命根据地正式形成。此后，在毛泽东和朱德的领导下，开始广泛发动群众，深入开展土地革命，不断扩大革命根据地。中国革命根据地在此创建，红军两万五千里长征在此出发，艰苦卓绝的三年游击战在此打响。赣南苏区作为中央革命根据地的主体，为中国革命做出了巨大的贡献。据统计①，在革命战争时期，赣南 240 万人口中，支前参战人员 60 万余人，扩红参军人数 33 万余人。在长征出发时，8.6 万余人的中央红军中，赣南籍红军多达 5 万余人。毛泽东等

---

① 中国军网，http：//www.81.cn/jlwh/2016 – 11/02/content733838.htm；于都县人民政府网，https：//www.yudugov.cn/ydxxxgk/c/00264cse/202106/77f38dcb432f4923afb04b8a9c92b34e.shtml.

老一辈革命家在赣南这片土地上书写了辉煌的革命史诗，也为这片土地注入了坚毅的红色基因。

二、赣南老区行政范围

赣南，是江西省南部区域的地理简称，与福建、广东、湖南等地接壤。主要由地级赣州市下辖的 3 个区、13 个县和 2 个县级市组成，其中包括章贡区、南康区、赣县区、大余县、上犹县、崇义县、信丰县、定南县、全南县、安远县、宁都县、于都县、兴国县、会昌县、石城县、寻乌县、瑞金市及龙南市。章贡区是赣南的政治、经济、文化及交通中心。其中心城区是由章贡区、南康区、赣县区、蓉江新区及赣州经济技术开发区共同组成的。赣南老区总面积为 39344.49 平方公里，约占江西省总面积的四分之一。其中行政面积最大的为宁都县，其面积为 4049 平方公里。面积最小的为章贡区，其面积为 485.49 平方公里。赣州 2022 年末常住人口 898.81 万人，其中城镇常住人口 512.34 万人，占常住人口比重为 57%。户籍总人口为 986.23 万人，其中城镇人口 348.84 万人，乡村人口 637.39 万人。

三、赣南老区具体发展状况

地区经济发展方面，赣南老区生产总值一直处于不断提高状态，2022年赣州地区生产总值为 1822.59 亿元。其中，第一产业生产值为 450.83 亿元，相较于 2021 年增长 3.8%；第二产业生产值为 1822.59 亿元，相较于 2021 年增加 6.6%；第三产业生产值为 2250.21 亿元，相较于 2021 年增加 4.5%。其产业结构比例为 10：40.3：49.7。从第一产业来看，2022 年赣州粮食播种面积为 755.77 万亩，其全年粮食总产量为 257.48 吨，相较于 2021 年下降 1.7%。从第二产业来看，2022 年赣州市重工业增长 17.2%，轻工业下降 8.2%。从分行业看，35 个行业大类中 16 个行业实现增长，其中增长幅度最大的为化学原料和化学制品制造业，其增长幅度为 75.6%。从第三产业来看，2022 年赣州市服务业增加值 2250.21 亿元，相较于上年增长 4.5%。从对外经济来看，赣州市 2022 全年货物进出口总额 1033.1 亿元，增长 39.9%，其中进口额 208.98 亿元，增长 29.0%；出口额 824.11 亿元，增长 43.0%。

产业发展方面，赣南苏区振兴发展战略实施以来，不断地推进科技创新赋能行动，新技术、新成果不断转化，特色优势产业发展聚链成群，不断推动赣南苏区高质量发展。战略实施以来新能源产业不断蓬勃发展，人工智能、区块链、大数据、5G 等数字经济产业从无到有，逐步稳定发展。医药健康产业从弱变强。在布局新兴产业的同时，以科技创新撬动传统产业升级，提升现代家具、有色金属和新材料、电子信息、新能源及新能源汽车、医药食品等产业集群的层次，打造具有较强竞争力的科技创新高地和现代产业聚集地。随着一批又一批的科技成果落地赣州，全市"1+5+N"产业集群集聚效应愈加凸显。

在生态文明建设方面，赣南地区是一个资源相对匮乏、生态脆弱的地区。因此，进行生态文明建设对于改善当地环境、促进经济发展具有重要意义。2016 年省财政向赣南地区下拨了流域生态补偿资金 8.27 亿元。流域生态补偿资金的分配将水质作为主要因素，同时兼顾森林生态保护、水资源管理因素，对水质改善较好、生态保护贡献大、节约用水多的县（市、区）加大补偿力度，进一步调动保护生态环境的积极性。2020 年，江西省发改委向赣南地区下达省预算内基建投资生态文明建设专项资金 315 万元，用于重点支持绿色循环低碳生产方式、生态建设和环境保护、生态文化推广、绿色生活引导等示范工程建设。2021 年，江西省发改委向赣南地区下达省预算内基建投资生态文明建设专项资金 140 万元，用于支持生态文明示范基地、循环经济、生态环境治理等项目建设。多年来赣南地区不断发展绿色金融，助推生态文明建设。截至 2023 年，赣南地区建成美丽宜居先行县 6 个，打造美丽宜居乡镇 34 个、美丽宜居村庄 335 个、美丽庭院 5.59 万个，阳明湖成功入选全国美丽河湖优秀案例，石城县成功创建"绿水青山就是金山银山"实践创新基地，全南县成功创建国家生态文明建设示范区，"各美其美，美美与共"美丽格局加速形成。

第二节　赣南革命老区发展相关支持政策

一、国家相关支持政策

革命老区是党和人民军队的根，是中华人民共和国成立的历史见证。多数革命老区由于地理位置及其他因素限制仍旧属于欠发达地区。为促进革命老区经济发展，国家针对老区提供了一系列支持政策。2008年，为了确保彩票公益金支持贫困革命老区扶贫项目顺利开展，财政部、国务院扶贫办印发了《中央专项彩票公益金支持扶贫事业项目管理办法》。2012年，国务院印发了《关于支持赣南等原中央苏区振兴发展的若干意见》，开启了赣南苏区振兴发展的崭新篇章，为赣南等原中央苏区的发展量身定制了一系列整体性、系统化扶持政策，推动赣南等地区高效发展。2013年8月22日，国务院印发《中央国家机关及有关单位对口支援赣南等原中央苏区实施方案》，要求充分发挥支援单位职能优势，切实加大对口支援力度，帮助解决发展中的突出困难和问题，努力构建人才、技术、产业、项目相结合的对口支援工作格局，推动赣南等原中央苏区实现全面振兴和跨越式发展。2021年1月24日，国务院印发《关于新时代支持革命老区振兴发展的意见》，对新时代革命老区振兴发展提供政策引导，明确中央对革命老区发展的高度重视和支持。2021年4月21日，激发赣南等原中央苏区内生发展动力，国务院发布《新时代中央国家机关及有关单位对口支援赣南等原中央苏区工作方案》。2022年3月3日，国务院批复同意建设赣州、闽西革命老区高质量发展示范区。2022年6月8日，经国务院同意，国家发展改革委印发了《革命老区重点城市对口合作工作方案》，将赣州市与深圳市建立起对口合作关系，推动老区加快发展。财税政策方面，2012年财政部办公厅出台《关于江西省赣州市比照西部开发转移支付政策的通知》、2013年财政部等下发《关于赣州市执行西部大开发税收政策问题的通知》，明确提出赣南原中央苏区享有"老区中的特区"财政优惠政策。在金融政策方面，2012年出台的《国家开发银行关于支持赣南等原中央苏区振兴发展的意见》《中国农业银行关于支持赣南等原中央苏区振兴发展的指导意见》等提出围绕赣南等原中央苏区的战略定位和发展目标，结合当地实际，推进信用建设，深化综合服务，明确支持重点，探索模式创新，发挥引领作用。

二、江西省针对赣南老区支持政策

在省级层面，江西省委也高度重视赣南苏区振兴发展。2007年8月19日，江西省人民政府印发《关于加快老区贫困地区扶贫开发与发展现代农业相结合的意见》。2022年8月4日，江西省人民政府印发《江西省推进革命老区重点城市对口合作任务分工方案》，在传承弘扬红色文化、衔接推进乡村振兴和新型城镇化、完善基础设施和基本公共服务、促进生态环境保护修复和绿色低碳发展及共同建设产业合作平台载体五个方面提出了具体的任务要求。2023 年 2 月 18 日，江西省政府印发《赣州革命老区高质量发展示范区发展规划》，推动实现赣南革命老区高质量发展。为支持赣州革命老区高质量发展示范区建设，打造新时代革命老区振兴发展的样板，2023 年 7 月，中共江西省委办公厅、江西省人民政府办公厅印发了《支持赣州革命老区高质量发展示范区建设的若干政策措施》。在财税政策方面，2012 年 7 月，为认真贯彻落实国务院《关于支持赣南等原中央苏区振兴发展的若干意见》以及省委、省政府的实施意见，充分发挥地方税收职能作用，全力支持和服务赣南等原中央苏区振兴发展，省局研究制定了《江西省地方税务局全力支持赣南等原中央苏区振兴发展税收优惠政策和服务措施》，在税收政策上给予赣南等原中央苏区支持。2015 年，江西省委等出台了《关于支持赣南等原中央苏区振兴发展重点平台建设的若干政策措施》表明在相关项目建设方面只给予一定贷款补贴贴息。

第三节　赣南革命老区发展数据分析

一、综合经济分析

本部分基于革命老区大数据平台，对赣南老区 2014～2021 年综合经济数据进行分析。从地区生产总值数据来看，赣南老区 2014～2021 年的地区生产总值一直保持稳定上升状态，同时赣南老区人均生产总值也在持续提高（见图 5－1）。根据赣南部分代表性地区的生产总值来看，章贡区作为赣南老区的发展中心，其地区生产总值 2014～2020 年一直保持稳定增长的势头，却在 2021 年期间发生断崖式跌落，地区生产总值从 521.938 亿元跌落至239.643 亿元。南康区、于都县、信丰县也均在快速增长。除此之外，其他地区自 2013～2021 年地区生产总值均保持稳定增长状态。其中南康区自2018～2021 年，发展速度突起，在 2021 年其地区生产总值达到 409.772 亿元，实现赶超章贡区。

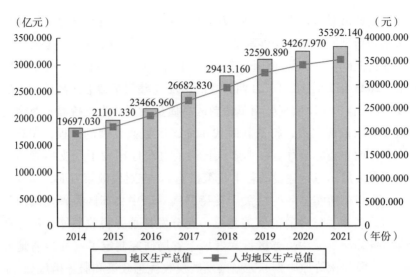

图 5 – 1 2014～2021 年赣南老区地区生产总值

资料来源：中国革命老区大数据平台。

图 5 – 2 为 2018～2022 年赣南老区进出口贸易图。在贸易方面，赣南老区在进出口方面一直保持稳定增长，2022 年全年货物进出口总额 1033.09 亿元，增长 39.9%。其中进口额 208.98 亿元，增长 29.0%；出口额 824.11

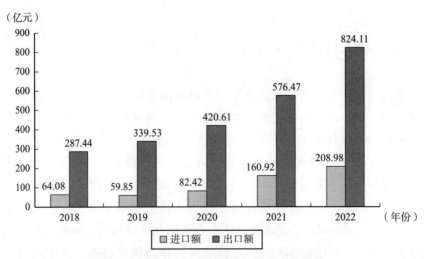

图 5 – 2 2018～2022 年赣南老区进出口贸易

资料来源：赣州市国民经济和社会发展统计公报。

亿元，增长 43.0%。2022 年赣南老区进出口、出口规模均列全省第 2，进口规模位列全省第 4。其中机电产品出口额为 406.51 亿元，同比增长 46.65%；高新技术产品出口额为 210.23 亿元，同比增长 81.08%；占全部出口额的比重分别为 49.33% 和 25.51%，表明机电产品和高新技术产品为赣州市出口的主要产品类别。2022 年赣州市实际利用外资达 3.73 亿美元，同比增长 4.3%；利用省外 2000 万元以上项目资金为 1200.42 亿元，同比增长 9.8%，表明赣州市对外资和项目资金的吸引力在逐步增强。赣州市为促进进出口贸易，优化了"跨境电商＋中欧班列＋海外仓"业务模式，促成全省首个"跨境电商＋保税展示"项目、首个跨境电商退货中心仓落地，实现赣州跨境电商全业务运行、全模式覆盖、全链条打通。

二、教育与科技水平

根据图 5－3 可知，2022 年全年赣州市普通小学在校学生 80.12 万人，普通初中在校学生 43.61 万人，普通高中在校人数 25.24 万人，各类中等职业教育在校人数 12.36 万。根据 2022 年政府公报公开数据，2022 年其公办及普惠性民办幼儿园在园幼儿占比达 90.8%，全市义务教育 56 人以上的大

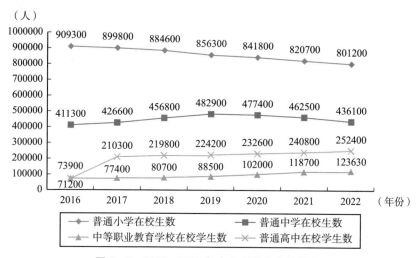

图 5－3　2016～2022 年中小学学生在校情况

资料来源：中国革命老区大数据平台。

班额占比由 2016 年的 21.59% 下降到 2022 年的 0.42%，九年义务教育巩固率为 99.75%，高中阶段毛入学率为 93.51%。普通高等教育 2022 年招生 4.84 万人（不包含研究生），研究生教育招生 2950 人。赣州市在注重普通教育的同时也在大力推动职业教育的高质量发展，2016 年 3 月，赣南卫生健康职业学院获批，填补了赣州市市属高职的空白；2019 年 3 月，赣州职业技术学院获批，填补了赣南老区综合高职的空白；2021 年 5 月，和君职业学院获批，成为全国唯一一所建在乡村的大学。十年苏区振兴之路，教育发展速度之快有目共睹，教育之本是国之大计，也是老区未来高质量发展的续航之力。从图 5-3 来看，2016 年至 2021 年普通高中在校人数具有明显上升趋势。同时中等职业教育学校在校人数也在不断增加，表明了赣州市在推动职业教育发展方面取得了一定的成绩。

科技发展是带动一个地区发展的重要因素，为提高经济发展水平，提高老区人民的生活质量。2012 年以来，赣南老区逐步提高社会研发投入占 GDP 比重，至今投入比重由 2012 年的 0.43% 大幅提高到 1.71%，首次超过全省平均水平。高新技术企业数量实现突破性增长，由 2011 年的 26 家增长至 2022 年的 951 家，增幅全省第一。全市拥有全国重点实验室 1 个、国家工程技术研究中心 2 个、国家企业技术中心 5 个和稀土领域唯一的国家级制造业创新中心——国家稀土功能材料创新中心。新认定省级工程（技术）研究中心 72 个、重点实验室 16 个。2022 年全年国家重点研发计划共安排 31 个重点专项，33 个科技项目，国家科技重大专项共安排 1 个课题。全年共签订技术合同 1874 项，技术合同成交金额 117.09 亿元，增长 68.0%。2022 年全市高新技术企业实现营收超 1500 亿元，高新技术产业增加值占比达 46.3%，位居全省前列。在新一代信息技术产业上，赣南老区也在奋发前进。章贡区的江西信息安全产业园、赣州经开区的赣州区块链技术产业园、南康区的中国赣州数字科技产业园、蓉江新区的赣州大数据产业园、北斗时空大数据产业园、信丰县及龙南市 5G 产业园利用各自的科技优势在新时代加速前进，努力实现赣南老区高质量发展。

三、人民生活与社会保障

根据表 5-1 可知，2018~2022 年城镇居民人均可支配收入与农村居民人均可支配收入稳步增长。2022 年全年城镇居民人均可支配收入 42231 元，增长5.2%；农村居民人均可支配收入15900元，增长8.3%。数据显示，城乡人均可支配收入差距从2018年的21381元，上升到2022年的26331元，城乡收入差距越来越大。2018年城乡家庭恩格尔系数均呈下降趋势，但2019～2020年期间城乡家庭恩格尔系数均呈上升趋势。这可能是由于受到新冠疫情的影响，一方面导致居民收入受到了冲击，另一方面一些娱乐消费受限。2022年赣南老区城镇居民家庭恩格尔系数为31.0%，比上年下降0.8个百分点；农村居民家庭恩格尔系数为33.1%，比上年下降1.6个百分点。2022年全国居民恩格尔系数为30.5%，全国农村居民恩格尔系数为33%，赣南老区恩格尔系数高于全国平均水平，老区人民生活水平仍旧有待提高。

表5-1　　　　　　　　2018～2022年城乡居民生活改善情况

指标	2018年	2019年	2020年	2021年	2022年
城镇居民人均可支配收入（元）	32163	34826	37031	40160	42231
农村居民人均可支配收入（元）	10782	11941	13036	14675	15900
城镇居民家庭恩格尔系数（%）	31.9	30.8	32.2	31.8	31.0
农村居民家庭恩格尔系数（%）	34.0	33.4	35.5	34.7	33.1

资料来源：赣州市国民经济和社会发展统计公报。

截至2022年，赣南老区各项社会保险参保人数不断增加，失业保险增至46.47万人，增长了34.62%；城乡居民基本养老保险增至437.64万人，增长了12.43%；企业职工养老保险增至147.2万人，增长了104.76%；工伤保险增至73.02万人，增长了143.72%，社会保障覆盖范围持续扩大。与此同时，各类社会保障基金的筹措也在不断增加。2022年全年赣南老区社会保险基金筹集总额290.5亿元，比上年增加16.3亿元。城乡居民养老保险基金筹集总额35.32亿元，增加2.68亿元；城镇职工养老保险基金筹集总额192.37亿元，增加8.75亿元；机关事业养老保险基金筹集总额46.5亿元，增加4.32亿元；失业保险基金筹集总额2.57亿元，增加0.58亿元。社会保险基金的不断增加体现了赣州社会保险待遇水平的不断提高，社会保障程度的加大，有助于保障社会公平、提高社会稳定性，促进社会全面发展。

第四节　当前赣南苏区发展中存在的问题

一、产业结构不够合理

合理的产业结构是区域健康发展的前提，有利于充分利用区域资源，提高区域产业经济效益，增强区域经济实力。赣南苏区发展从产业结构来看，主要表现为三次产业发展不协调，其主要以传统制造业和农业为主，缺乏高新技术产业和现代服务业的支撑。从赣南老区农业发展现状来看，老区农业基础设施较为落后，缺乏现代化，农产品规模普遍较小、加工率较低，制约了当地特色农业的发展。从工业发展现状来看，工业发展大而不强，工业基础较差，长期投入不足，规模较小，集中度较低，没有形成产业集聚优势。由于技术创新能力不强，研发能力较弱导致当地特色产业发展未能形成竞争优势。在生物制药、新材料等技术密集型行业的发展上缺乏科技型人才。从服务业来看，各行业企业数量较少、规模小，且较多为老企业，产业发展不均衡，赣州服务业发展应当寻找新的增长点，加快培养新产业、新模式的新企业，焕发服务业升级，促使服务业各行业协调发展，齐头并进。

二、区域发展不平衡不充分

不同地区的经济发展水平差异较大，一些地区的经济总量、产业结构、基础设施相对落后，同时公共服务资源（教育、医疗、社会保障等）分配不均，导致了区域经济发展的不平衡。赣南老区城镇发展较为滞后，主要是以农业为主，工业发展不够发达，城镇带动乡村发展的能力较为薄弱，同时由于发展不充分，对农村劳动力的吸纳能力也较为有限。除此之外，农村公共设施的财政投入以及产业发展的支持均与城镇相差甚远，农业、农村、农民自身的发展水平不高，导致农村与城镇之间的发展不平衡。近年来，赣南老区县域经济虽取得长足发展，但整体仍旧偏弱，县域经济发展不平衡不充分的问题较为显著。赣南老区县域经济总量总体较小，2022 年除章贡区、南康区外，只有于都县进入全省 30 强。县域经济的发展可以带动农村地区的发展，实现协调发展。除此之外，赣南老区区域间人均收入水平也相差较大，部分县级产业发展较为薄弱，没有系统的支柱性产业，多数仍旧以农业为主，缺乏带动整体经济发展的产业，导致县域之间发展差距较大。

三、缺乏高素质人才

随着经济的快速发展，人才已经成为各行各业最重要的资源。而在赣州地区，人才缺乏已成为一大问题。这不仅是一个经济问题，更是一个社会问题。赣州地区人才缺乏的原因众多。其中教育资源的不足是一个重要原因，赣州地区的教育资源相对较少，尤其是高等教育资源。其次，由于赣州地区的产业结构相对单一，无法为高素质人才提供足够优质的就业机会，导致高素质人才从本地流失。除此之外，相比于南昌市和九江市，赣州市的吸引力和发展机会相对较少，这导致了一部分优秀的人才流失，难以形成人才集聚的良好环境。然而，赣州工业发展缺乏高素质人才的支撑，也限制了赣州市的发展潜力。人才的引进会为赣州地区灌注新的科技源泉，推动高新技术产业的发展，促进赣州高质量发展。赣南老区缺乏高素质人才是一个有待解决的问题，要解决这个问题，需要政府、企业和社会各界共同努力，改善教育质量、优化就业环境、提升薪酬待遇、营造创新氛围等，以吸引和留住高素质人才，推动赣南地区的经济社会发展。

第五节　推进赣南苏区发展的相关建议

一、培养壮大特色产业

赣南老区由于其独特的地理位置及红色历史底蕴，一些产业具备着发展的优势，因此在注重发展常规产业的同时还应注重发展自身特色产业，提高竞争优势。从最具赣南优势资源的产业来分析，赣州作为中国最大的稀土生产基地之一，以钨、稀土为主的有色金属产业链辐射带动了当地经济的发展。但其产品结构单一、资源利用度较低、产品缺乏深加工导致产品竞争力下降，产能过剩，导致赣南地区未能发挥该产业优势带动经济发展。因此针对稀土产业发展应适当给予政策支持，创新升级开采工艺，加大研发投入，提高产品竞争力，壮大特色产业。同时应当促进脐橙、柑橘为主的赣南果业发展，形成规模，提高效益，带动农业发展。赣南老区具有独特的红色基因，以红色文化、客家文化为底蕴的旅游产业应当大力宣传吸引游客，助力服务业发展。

二、促进产业转型升级

随着全球经济的不断发展，产业转型升级已成为各地区经济发展的重中之重。赣南老区作为原中央苏区的核心，也需要加快推进产业转型升级，实现经济可持续发展。产业结构调整是赣南实现产业转型升级的关键，面对未来振兴老区高质量发展，赣南老区需要发展现代服务业和高新技术产业，推进传统产业转型升级，积极开展产业集聚，发挥区位优势，加强与周边地区的合作，形成区域产业链，提高整体竞争力。同时还要加强对民营经济的扶持，鼓励本地企业走出去，拓展海外市场。在高新技术产品研发方面，应加大研发投入，更深层次地加工产品，提升产品技术含量。在稀有金属资源利用方面，要充分利用其稀有金属资源优势，不断提高稀土和钨产品的科技创新能力，加快产业转型升级步伐，提高产品竞争力，提高资源利用效率，不断促进稀土和钨行业向高质量发展迈进。

三、加强县域经济协调发展

县域经济协调发展是赣南老区经济高质量发展的重要支撑，只有加强县域经济发展，带动城乡协调发展，才能够推动整个赣南地区的高质量发展，缩小收入差距，实现共同富裕。2021 年赣南老区各县及各区之间地区生产总值最大值与最小值之间的差额为 314.988 亿元，区域之间发展差异较大，不利于赣南老区整体经济发展。因此需要进一步壮大各县域产业规模，加大政策支持力度，提高县域经济发展的综合能力，从而带动各区域乡镇经济发展，实现区域间协调发展。在政策上需制定一系列措施来保证各区域协调发展，政府应当在基础设施建设、产业引导等方面对发展较为薄弱的县级加大扶持力度，同时还应为各区域提供平等的发展机会。赣南老区拥有丰富的自然资源和文化底蕴，各地域应当立足自身优势发展特色产业，加强各区域之间的沟通和合作，实现资源共享和优势互补。

四、加强公共服务体系建设

加强公共服务体系是实现社会全面发展、构建和谐社会的重要途径之一。通过不断完善公共服务体系，可以提升人民群众的获得感、幸福感和安全感，促进经济社会的可持续发展。加强革命老区公共服务建设主要包括完善教育制度、均衡医疗健康发展及加强基层文体建设三个方面。应完善革命老区中小学及幼儿园布局，在合理布局教育资源的同时还应加大教师的培训力度，注重教师师德培养。同时应推进高职学校、技工院校建设，在高校建设上应当大力吸引优质资源和高水平人才，从而推动经济发展。在医疗健康系统建设方面，随着相关政策的不断深入，赣州市的医疗事业取到了长足的发展，医疗技术水平和医疗基础设施均得到了大幅度的提高。但乡镇卫生院建设及医疗水平发展均有待提高，因此应当推动医护人才均衡配置，优质医疗资源下沉基层一线。同时应当注重优化跨省异地就医流程和跨省直接结算制度及完善重特大疾病医疗保险和救助制度。赣南革命老区，其红色文化底蕴深厚，在加强红色历史宣传的同时，还应围绕革命文化创作一批文艺作品。同时还应当加强体育公园建设，鼓励革命老区承办体育赛事，提高老区人民的生活质量。

第六章

沂蒙革命老区案例研究

第一节　沂蒙革命老区概况

一、沂蒙老区形成背景

　　沂蒙老区是抗日战争和解放战争时期中国著名的四大革命老区之一。抗日战争和解放战争时期，中国共产党先后在沂蒙创建了滨海、鲁中、鲁南革命根据地。1937 年全面抗战爆发后，沂蒙地区成为敌后抗击日军的主战场之一。由于该地区地形复杂，山区众多，非常适合游击战争的开展，因此中国共产党在此放手发动群众，组织抗日武装起义。1938 年毛泽东在党的六届六中全会上做出"派兵去山东"的战略决策。1939 年 3 月，115 师主力和师部进入山东。1940 年 115 师顺利完成了创建以抱犊崮山区为中心的鲁南抗日根据地的战略任务。1945 年 8 月 13 日，山东省政府在莒南县大店镇成立，这是中国共产党在全国建立的第一个省级人民政府。1947 年，我军在孟良崮战役中全歼国民党整编 74 师，成功扭转华东战局。老一辈革命家刘少奇、陈毅、罗荣桓、徐向前、粟裕等，都曾在沂蒙老区工作过、战斗过，沂蒙革命老区在艰苦卓绝的长期斗争中为中国革命做出了巨大贡献。

二、沂蒙老区行政范围

　　沂蒙革命老区，其地域指以沂蒙山区为中心，以今临沂市政区为主体的包括毗邻部分地带的山东省东南部地区，涵盖临沂市的三区九县（兰山区、罗庄区、河东区、沂南县、沂水县、郯城县、费县、平邑县、兰陵县、莒南县、蒙阴县、临沭县），潍坊的临朐县，淄博的沂源县，泰安的新泰市，济宁的泗水县以及日照的五莲县和莒县。其中临沂市、新泰市与沂水县的经济发展较为迅速，也是推进沂蒙老区建设发展的前驱。截至2021年，沂蒙革命老区区域行政面积为27029平方公里。行政面积最大的为沂水县，其面积为2414平方公里，约占山东陆域面积的17%。其中面积最小的为罗庄区，其面积为569平方公里。2021年户籍总人口数为1609.03万人，其中户籍总人口最多的是新泰市，为144.6万人。户籍总人口数最少的是罗庄区，为48.27万人。

三、沂蒙精神

沂蒙精神诞生于沂蒙老区，发展于齐鲁大地，是中国红色革命精神的重要组成部分。从沂蒙精神的形成过程来看，它在孕育生长之初就深深烙上了共产党人的先进思想和人民军队的革命精神。（1）沂蒙精神内涵初步形成（1989~1997年）。沂蒙精神概念的提出始于1989年12月12日，时任临沂地委宣传部部长李祥栋在《临沂大众报》上发表题为《发挥老区优势　弘扬沂蒙精神》的文章，首次提出了沂蒙精神的概念，并将其内涵概括为"团结奋斗、无私奉献、艰苦创业、求实创新"。1990年2月，时任山东省委书记姜春云到临沂视察时，将沂蒙精神的内涵概括为"立场坚定、爱党爱军、艰苦创业、无私奉献"。1992年7月，时任中共中央总书记江泽民到临沂视察时题词："弘扬沂蒙精神，振兴临沂经济"。1997年7月，中共临沂市委进一步把沂蒙精神概括为"爱党爱军、开拓奋进、艰苦创业、无私奉献"。（2）沂蒙精神内涵的广泛传播（1997~2013年）。1999年1月，时任中央政治局常委、国家副主席胡锦涛视察临沂时指出："改革开放以来，把发扬革命传统同弘扬时代精神结合起来，形成了具有时代特征的沂蒙精神"。2005年8月，时任中宣部部长刘云山参观在北京国家博物馆举办的沂蒙精神大型展览后说："现在我们提倡井冈山精神、长征精神、延安精神、西柏坡精神，再加上沂蒙精神、太行精神，所有这些都是我们民族精神的具体体现"。2011年6月，时任中央政治局常委李长春赴临沂调研时指出："沂蒙精神是伟大民族精神在革命战争时期的展现和升华，也是中国共产党领导全国各族人民在革命战争时期创造的光辉精神财富。"2013年11月25

日，习近平总书记在视察临沂时指出："沂蒙是革命老区，有着光荣传统。军民水乳交融、生死与共铸就的沂蒙精神，对我们今天抓党的建设仍然具有十分重要的启示作用。"他明确定位："沂蒙精神与延安精神、井冈山精神、西柏坡精神一样，是党和国家的宝贵精神财富，要不断结合新的时代条件发扬光大。"2021年9月29日，沂蒙精神被中央宣传部梳理为中国共产党人精神谱系第一批伟大精神。2022年3月，经党中央批准，沂蒙精神基本内涵正式表述为"党群同心、军民情深、水乳交融、生死与共"。习近平总书记的重要指示批示要求以及沂蒙精神基本内涵的确定，为我们在新时代大力弘扬沂蒙精神指明了前进方向、提供了根本遵循。沂蒙精神代表了中国人民在革命斗争中所形成的优秀品质和精神风貌，激励着一代又一代人为实现民族复兴和社会进步而不懈奋斗。这种精神在中国革命历史中具有重要的地位和影响力，被广泛传颂和崇尚。①

第二节　沂蒙老区发展相关政策

一、国家相关支持政策

2008年，中央财政安排专项彩票公益金支持贫困革命老区扶贫开发工作。为了确保彩票公益金扶贫项目的顺利开展，财政部、国务院扶贫办印发了《中央专项彩票公益金支持扶贫事业项目管理办法》。2011年，国务院办公厅下发《关于山东沂蒙革命老区参照执行中部地区有关政策的通知》，明确提出支持临沂市全域12个县区，沂源县、临朐县、泗水县、新泰市、五莲县、莒县等18个沂蒙革命老区县（市、区），在安排中央预算内投资等资金时，参照执行中部地区政策。2021年1月24日，国务院印发《关于新时代支持革命老区振兴发展的意见》，指出要深入贯彻落实党中央、国务院决策部署，支持革命老区在新发展阶段巩固拓展脱贫攻坚成果，开启社会主义现代化征程，让革命老区人民逐步过上富裕幸福的生活。2021年9月，国务院批复《"十四五"特殊类型地区振兴发展规划》（以下简称《规

---

① 沂蒙精神网，https：//www.yimengjingshen.cn/newsdetail/12.

划》），对加快 12 个革命老区和 20 个革命老区重点城市发展做出了明确部署。2022 年 6 月 8 日，经国务院同意，国家发展改革委印发了《革命老区重点城市对口合作工作方案》，对支持革命老区重点城市与东部地区部分城市建立对口合作机制做出了安排部署，将临沂市（沂蒙革命老区）与济南市建立对口合作关系，推动沂蒙革命老区加速发展。

二、山东省市支持沂蒙老区相关政策

山东省人民政府于 2016 年 3 月印发的《山东省国民经济和社会发展第十三个五年规划纲要》，指出要支持沂蒙老区享受优惠政策。2021 年 4 月山东省人民政府印发的《山东省国民经济和社会发展第十四个五年规划和 2035 年远景目标纲要》提出了推进沂蒙等地区大数据、电力、水利等工程的发展。为深入贯彻落实国务院《关于新时代支持革命老区振兴发展的意见》，支持新时代沂蒙革命老区振兴发展，2021 年 11 月，山东省政府印发了《关于新时代支持沂蒙革命老区振兴发展的实施方案》，该方案强化对老区各县（市、区）在政策、资金、项目等方面倾斜支持。与此同时，临沂制定了《临沂革命老区振兴发展"十四五"规划》，立足临沂实际，抢抓黄河流域生态保护和高质量发展、"一带一路"、省级新区、鲁南经济圈等重大战略机遇，统筹其他革命老区经济发展情况，为临沂革命老区高质量振兴发展提供强大理论支撑和政策扶持。

第三节　沂蒙老区发展相关数据分析

一、综合经济分析

随着中国经济的飞速发展，沂蒙老区的综合经济也在不断壮大。本书基于中国革命老区大数据平台对沂蒙老区 2014～2021 年综合经济数据进行分析，探讨其发展现状、存在问题及未来发展方向。从图 6－1 地区生产总值来看，沂蒙老区自 2014～2018 年地区生产总值一直保持着较为稳定的增长。2019 年沂蒙老区地区生产总值为 5366.445 亿元，甚至低于 2014 年沂蒙老区的地区生产总值。这是由于2018年习近平总书记在中央财经委员会第一次会议上强调,打好污染防治攻坚战,要打几场标志性重大战役,确保生态环境质量总体改善。2019年是工作落实年,地区生产总值下降是不可避免的。其后,沂蒙老区经济发展在2019年的基础上均保持稳定增长。从图6-2各

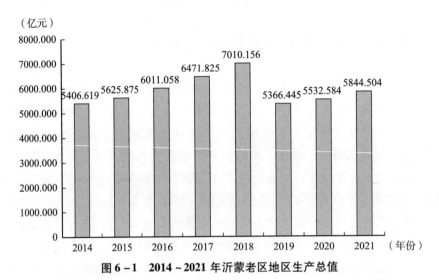

图6-1　2014～2021年沂蒙老区地区生产总值

资料来源:中国革命老区大数据平台。

图6-2　2021年沂蒙老区各区域生产总值

资料来源:中国革命老区大数据平台。

区域生产总值来看，2021 年地区生产总值最高的是新泰市，其生产总值为573.899 亿元，地区生产总值最低的是河东区，其生产总值为 116.532 亿元，地区之间的发展仍旧存在着较大的差距。从人均地区生产总值来看，沂蒙老区 2021 年平均人均地区生产总值为 35485.72 元。各区域中人均地区生产总值中最高的为罗庄区，其人均生产总值为 49199.23 元，最低的是兰陵县，其人均地区生产总值为 20435.75 元，各区域人均地区生产总值之间差距较大，沂蒙老区发展较不平衡。

二、产业发展分析

从三次产业来看，沂蒙老区在各个领域均有所发展。农业方面，随着中国农业现代化的步伐不断加快，沂蒙老区农业发展也迎来了新机遇和新挑战。沂蒙老区发展潜力巨大，农业生产总体上呈现良好的趋势，随着农业科技水平的提高，农业产品在产量和质量上均有所提高。尤其是兰陵县，全县种植 120 万亩蔬菜，其中 60% 直供长三角地区。虽然沂蒙老区农业发展以企业化、规模化经营逐渐成为主流，但其产业链还不够完整，农业生产和市场销售的衔接还有待提高。工业方面，近年来沂蒙老区取得了一定的成就。一方面，沂蒙老区加大了对传统产业的支持，通过引进先进技术和设备，提高了生产效率。另一方面，沂蒙老区的新兴产业也在不断发展，如电子科技产业、生物技术等，新兴产业的发展也为沂蒙老区提供了更多的就业机会。但沂蒙老区工业基础较为薄弱，技术创新能力不足，高端产业集聚效应不明显，未来还应鼓励企业创新，加强与高校、科研机构的合作，以提高科技水平。服务业方面，沂蒙老区发展相对滞后、规模较小、结构单一、发展水平较低。其中旅游业、餐饮业和物流业是老区服务业的三大支柱。

三、临沂物流业发展分析

临沂物流业的发展对沂蒙老区的经济发展、物流效率、市场拓展、就业促进和区域形象提升等方面都起着重要的促进作用，为沂蒙老区的发展注入了新的活力和动力。近年来，临沂抓住了互联网电商的发展，成功将自己的物流产业发展起来，极大程度地带动了沂蒙老区的经济发展。在物流产业的发展上，临沂市的物流业已经形成了多层次、多元化的发展格局。其中，以货运代理、仓储配送、冷链物流为主的第三方物流企业逐渐崭露头角，成为临沂物流业的重要组成部分。临沂市政府在物流产业的发展上也给予了强有力的资金支持，积极推行"互联网＋物流"，为物流业提供了更加良好的营商环境。至2021年，临沂市已建成覆盖2000多个城市的信息平台，2000多条物流线路辐射全国所有县级以上的城市，物流成本要比全国的平均成本水平低20%～30%。2021年全年临沂商城市场交易额为5402.5亿元，物流总额为8065.7亿元，是2012年的3.8倍。当前临沂市现有物流园区38个，提供就业岗位超过一万个，临沂的物流产业也在向着更高水平迈进，正在与互联网、物联网及人工智能深度融合。

第四节　沂蒙老区发展中存在的问题

一、经济发展缓慢

沂蒙老区经济发展缓慢有许多原因。首先，沂蒙老区的地理位置不利于经济发展。其位于山东省的腹部，交通不便，对外联系不够紧密。其次，沂蒙老区结构单一、层次不高，主要以农业为主，且农业农产品的发展程度不高、产品附加值较低，难以实现产业转型和升级，导致发展较为缓慢。虽然临沂市通过多年的努力新培育国家科技型中小企业1800余家、高新技术企业1500余家，为老区提供了更多的人才、技术和资金支持，但这些支持是有限的，对实现沂蒙老区高质量发展而言仍旧不足。沂蒙老区其余地区也应立足地方特色进行产业引进和转型，提高科技创新能力，大力发展经济，促进老区协调发展。在服务业发展方面，由于开发力度和基础配套设施不够完善，导致部分红色景区仍旧交通不便，旅游业整体设施不能够满足游客需求。规模以上工业发展能够带动地区经济快速增长、促进技术进步、提供就业机会、贡献税收并带动周边产业的发展，从而推动地区全面发展和提高居民生活水平。根据图6-3可知，沂蒙老区规模以上工业发展并不稳定，从总产值上来看，规模以上工业总产值在短暂的提升后呈现下降趋势，其中2017年达到最大总产值，为14228.18亿元。沂蒙老区工业规模较小问题也是导致老区经济发展缓慢的原因之一。

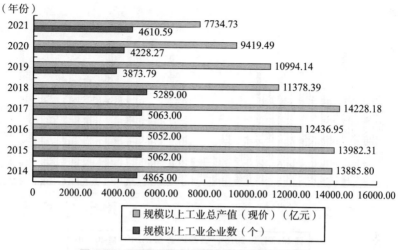

（年份）

2021	7734.73 / 4610.59
2020	9419.49 / 4228.27
2019	10994.14 / 3873.79
2018	11378.39 / 5289.00
2017	14228.18 / 5063.00
2016	12436.95 / 5052.00
2015	13982.31 / 5062.00
2014	13885.80 / 4865.00

0　2000.00　4000.00　6000.00　8000.00　10000.00　12000.00　14000.00　16000.00

☐ 规模以上工业总产值（现价）（亿元）
■ 规模以上工业企业数（个）

图 6 - 3　2014 ~ 2021 年沂蒙老区规模企业概况
资料来源：中国革命老区大数据平台。

二、医疗教育水平发展落后

　　近年来沂蒙老区医疗水平在国家政策的支持下得到了显著的改善和提高，但仍旧存在一些不足。由于沂蒙老区的地理位置偏远，因此医疗设施及医疗人才不足一直是制约沂蒙老区医疗发展的主要因素。其次，沂蒙老区的医疗质量也有待提高，虽然医疗设施建设和医疗人才培养不断加强，但由于医疗资源的不足和医疗技术的落后，导致医疗质量存在很大的差距。根据图 6 - 4，2021 年全国每万人医疗机构床位数为 66.99 张，而 2021 年沂蒙老区每万人医疗机构床位数均低于全国水平，最高的为沂水县，为 65.06 张。医院方面临沂人民医院虽然发展可观，但由于没有科研院所和医药院校的支撑，技术水平实际相比排名偏低。在沂蒙老区，由于经济条件的限制，教育资源配置不足且资源分配过度集中，这给教育发展带来了很大的影响。部分地区教育思想仍旧过于死板，教学理念较为落后，教育体制过于老旧，导致沂蒙老区的人才培养落后。关于沂蒙老区的高等教育，仅有临沂大学一所本科院校，高等院校的建设及引进还有待提高。

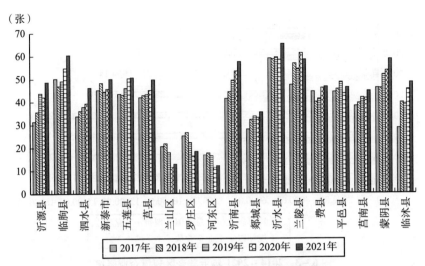

图6-4　沂蒙老区每万人医疗机构床位数

资料来源：中国革命老区大数据平台。

三、基础设施薄弱

　　沂蒙老区的基础建设相对于其他地区较为薄弱，尤其是在交通、通信等方面更是落后于其他地区。近几十年以来沂蒙老区一直在加强交通建设，从1991年的沂蒙公路建设、2019年鲁南高铁临沂路段通车及临沂机场的使用，沂蒙老区的道路建设虽然一直在进步，但是由于沂蒙老区部分区域的地理位置原因，部分地区的公路、铁路和水路运输仍旧不够发达，交通不够便捷已成为当地居民的心病。公路的路况不佳，铁路的线路老化，水路运输的船只老旧，这些都是导致当地交通不便的重要原因。山区公路交通的不便捷，将直接导致区域农产品的滞销。除此之外，由于沂蒙老区部分地区地处山区，水利及电力设施仍旧薄弱，不利于当地农业发展，更不利于老区人民的日常生活。

四、资源要素紧缺

　　沂蒙老区振兴需要政策、人才、资金等多方面的支撑。根据图6-5沂蒙老区财政收支情况来看，沂蒙老区财政收入较为薄弱，2019～2021年政府财政收入逐年下降，这可能是由于当地经济发展缓慢导致的。截至2021

年沂蒙老区财政收支差额为 -453.455 亿元，财政收入不能够满足地方发展财政支出。在资金支持方面，除政府资金投入不足以外，资金使用效率不高、资金利用比例不协调等原因也是导致经济发展滞后的原因。除财政支持力度不足之外，沂蒙老区教育水平也相对较低，基础教育资源较为落后，且教育资源分布较为集中，老区内高等教育本科院校仅临沂大学一所，人才培养水平有限。且由于经济发展落后，缺乏高质量高科技企业，导致高学历人才在本地不容易就业，从而使得人才外流严重。同时政府人才引进政策缺乏吸引力，薪资待遇水平相较于其他城市较低，导致人才引进战略实施困难。在政策支持方面，振兴老区政策虽然一直在实施，但由于各方面问题，发展依靠政策的程度有限。

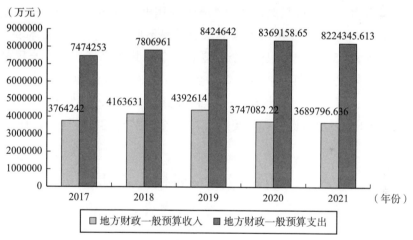

图 6 - 5　2017～2021 年沂蒙老区地方财政收支情况

资料来源：中国革命老区大数据平台。

第五节　沂蒙老区未来发展展望

在城乡融合发展方面，加强城镇老旧小区改造和社区建设，加快更新基础设施，到"十四五"末，在完成 2000 年前建成的老旧小区改造基础上，确保完成 2005 年前建成老旧小区改造任务的 85% 以上。在现代农业发展方面，到 2025 年，粮食播种面积稳定在 968 万亩，粮食综合生产能力稳定在

418万吨。推进"五品"改良工程和"五标"提升行动，全面对接长三角农产品市场，打造长三角"菜篮子""果篮子""肉篮子""米袋子"等直供基地，到2025年打造长三角中心城市农产品供应基地300个。在美丽乡村建设方面，到2025年，100%区域中心村（社区）以及60%以上行政村实现6米及以上公路通达，农村公路优良中等路以上比率达到90%，新改建农村公路4000公里，打造12条特色鲜明、带动作用大的省级融合发展样板路，35条市级样板路。在商贸物流方面，到2025年，临沂商城市场交易额突破6650亿元，网络零售额达到550亿元，物流总额突破10000亿元，巩固"中国市场名城""中国物流之都"地位和优势。在县域发展方面，优化区域产业空间布局，引导重点产业向特色园区、优势区域集聚，初步构建"东钢、西木、南智、北食、中新兴"产业空间布局。在健康老区建设方面，加快智慧医疗建设，普及应用电子健康卡，提升医保电子凭证覆盖率，到2025年全市参保群众激活率不低于80%。在文体事业发展方面，到2025年，县（区）全面建成一个公共体育场、一个全民健身中心、一个体育公园和一个游泳馆，乡镇（街道）全面建成一个全民健身活动中心、一个灯光篮球场、一个多功能运动场和一个社会足球场，全面完成1782个行政村健身设施更新、2317个自然村健身设施新建任务。

第六节　沂蒙老区发展相关意见建议

一、壮大农业产业链

沂蒙老区以农业发展为主，拥有得天独厚的自然环境和丰富的农业资源，所以应当在原有农业的基础上加大农业发展力度，完善农业发展产业链，让产品与销售更好的衔接。首先，应投资于农田水利建设、农业机械化、农产品加工等基础设施，提高农业生产效率和产品质量。其次，加大对农业科研和技术创新的支持力度，引导农民采用先进的种植、养殖技术和管理模式。加强农业科技示范基地建设，推广新品种、新技术和新模式，提高农业生产效益和竞争力。通过加强对农产品的深加工，延长农产品产业链，提高附加值。发展食品加工、农产品包装、冷链物流等环节，增加农产品的附加值和市场竞争力。最后，各个地区应当立足自身地域特点发展自身特色农产品（例如兰山肉制品、莒南花生、长明金银花等中药材），同时还应对农产品进行简单加工和深加工包装进行出售，创建现代农业产业园，推动农业经济发展的同时还能够带动就业。除此之外，还应注重衔接市场销售，关注市场需求变动方向，让农产品走出去，打响品牌效应。

二、大力发展新产业

近年来，沂蒙老区虽在不断地发展，但由于经济基础较为薄弱，产业规模较小，所以发展具有一定的局限性。沂蒙应当立足本地特点，在面对推进新旧动能转换过程中积极发展新产业，进行发展当地的文化旅游业、生态农业及新能源产业。沂蒙老区拥有得天独厚的自然风光和丰富的人文历史，如沂蒙山、沂蒙古村等，这些自然和人文景观都是吸引游客的重要资源。通过发展旅游业，可以促进当地经济的发展，增加就业机会，提高居民的收入水平，改善民生。生态农业的发展可采用绿色、有机、无公害生产方式，能够保证食品安全，增加农产品附加值，生态农业与旅游业相结合，也可以打造农业观光旅游。沂蒙地区地处山区，气候多样，风能、水能、太阳能等资源丰富，尤其是在风能方面优势明显。沂蒙山脉地势较高，风速较快，是发展风能的良好条件。此外，沂蒙老区的农业和林业产业发达，生物质能源的开发也具有潜力。这些优势为沂蒙老区新能源的开发提供了广阔的发展空间。

三、提高医疗水平

提高医疗水平将有助于提高老区居民的健康水平，降低因疾病导致的医疗支出，减少因病致贫的风险。为给人民群众提供更加优质、便捷、高效的医疗服务，沂蒙老区应当加大对医疗设施的投资，提高医疗机构的服务质量，吸引更多的医疗人才来沂蒙老区工作，建立多层次的医疗服务体系等。同时还需要加强对医疗技术的研发和创新，提高医疗人才的专业素质和能力，加强对医疗质量的监管和评估，推行医疗机构质量认证等措施。除此之外，沂蒙老区的医疗服务也需要进一步改进。除了医疗资源和医疗质量的提升以外，我们还需要加强医疗服务的便捷性和亲和力。例如，通过建立医疗信息化平台，提高医疗服务的普惠性和可及性，加强对患者的健康宣传和教育，提高医疗服务的满意度和贴心度。

四、加强基础设施建设

为改善当地居民的生活条件和促进经济发展，应当注重沂蒙老区的基础设施建设。（1）加强交通基础设施建设。沂蒙老区地势较为复杂，交通不便，加强交通基础设施建设是当务之急。应加大对公路、铁路、航空等交通基础设施的投入，改善道路、桥梁、隧道等交通设施，提高交通的安全性和便利性，缩短城乡之间的距离，促进区域经济的发展。（2）加强能源基础设施建设。能源是现代社会的基础，政府应该加强能源基础设施建设，推进传统能源向清洁能源的转型，提高能源供应的质量和效率，降低能源成本，保障当地居民的正常生活和企业的正常运营。（3）加强水利基础设施建设。沂蒙老区地处山区，水资源相对匮乏，加强水利基础设施建设是确保当地居民生活和农业生产正常进行的关键。政府应该加大对水利基础设施建设的投入，提高水资源的利用效率，改善当地农田的灌溉条件，增加农业生产的收益。（4）加强信息化基础设施建设。信息化是现代社会的基础，政府应该加强信息化基础设施建设，提高当地的信息化水平，促进信息技术在制造业、服务业、农业等领域的应用，提高生产效率和服务质量，推动经济的快速发展。（5）加强教育基础设施建设。教育是人类进步的基础，加强教育基础设施建设是提高当地居民文化素质和经济发展水平的重要途径。政府应该加大对教育基础设施建设的投入，改善学校的硬件和软件设施，提高教育质量和教育公平，为当地居民提供更好的教育资源。

五、加强公共服务建设

公共服务质量是衡量一个城市发展水平的重要指标之一，也是衡量政府工作效率和民生福祉的重要标准，因此沂蒙老区应当加强公共服务设施建设。沂蒙老区各级政府应该加大对老区公共服务设施的投入，建设更多的公共场所，如休闲娱乐公园、图书馆、老年大学、博物馆等。同时针对乡镇地区也应建设大量的休闲广场、投放健身器材及建设老年活动中心等。同时关于教育服务方面，应该加大对教育资源的投入，如教师招聘、教育研究等方面的支持，以优化教育资源配置。同时还要加强与其他地区的教育合作、引进先进的教育理念和技术。除此之外，高等教育方面也应加强与其他高校的合作，提高高等教学的创新水平和人才培养水平。

参 考 文 献

［1］《中国共产党纲领（俄文译稿）》，http：//dangshi. people. com. cn/GB/151935/164962/。

［2］《马克思恩格斯选集》，人民出版社 2012 年版。

［3］《邓小平文选》（第 2 卷），人民出版社 1994 年版。

［4］《毛泽东文集》（第 6 卷），人民出版社 1999 年版。

［5］《周恩来选集》下卷，人民出版社 1984 年版。

［6］《邓小平文选》第 3 卷，人民出版社 1993 年版。

［7］《江泽民文选》第 1 卷，人民出版社 2006 年版。

［8］《习近平谈治国理政》，外文出版社 2014 年版。

［9］习近平：《论中国共产党历史》，中央文献出版社 2021 年版。

［10］马克思：《1848 年至 1850 年法兰西阶级斗争》，引自《马克思恩格斯选集》（第 1 卷），人民出版社 1995 年版。

［11］罗海平、刘耀彬、王军花，等：《中国革命老区发展报告》，经济科学出版社 2020 年版。

［12］霍小光：《把革命老区发展时刻放在心上——习近平总书记主持召开陕甘宁革命老区脱贫致富座谈会侧记》，载《人民日报》2015 年 2 月 17 日。

［13］《习近平在中央扶贫开发工作会议上强调脱贫攻坚战冲锋号已经吹响全党全国咬定目标苦干实干》，载《老区建设》2015 年第 23 期。

［14］覃优军、曹银忠：《习近平关于革命老区重要论述的核心要义与鲜明特征》，载《老区建设》2022 年第 1 期。

［15］中国老区建设促进会：《让革命老区人民过上更加幸福美好的新生活》，载《光明日报》2015 年 1 月 24 日。

［16］列宁：《关于民族或"自治化"问题（续）》，《列宁全集》第 43 卷，人民出版社 1987 年版。

[17] 列宁：《论面目全非的马克思主义和"帝国主义经济主义"》，《列宁全集》第 28 卷，人民出版社 1990 年版。

[18] 列宁：《民族平等》，《列宁全集》第 25 卷，人民出版社 1988 年版，第 91 页。

[19] 列宁：《关于民族政策问题》，《列宁全集》第 25 卷，人民出版社 1988 年版，第 72 页。

[20] 中央文献研究室：《十八大以来重要文献选编》（上），中央文献出版社 2014 年版。

[21]《建国以来毛泽东文稿》（第 6 册），中央文献出版社 1992 年版。

[22]《建国以来毛泽东文稿》（第 13 册），中央文献出版社 1998 年版。

[23]《列宁专题文集论无产阶级政党》，人民出版社 2009 年版。

[24] 江泽民：《论党的建设》，中央文献出版社 2001 年版。

[25] 胡锦涛：《在纪念红军长征 70 周年大会上的讲话》，人民出版社 2006 年版。

[26] 李君如：《从邓小平的发展理论到科学发展观》载《毛泽东邓小平理论研究》2004 年第 8 期。

[27] 戴斌、马晓芬：《大力推进红色旅游高质量发展的若干思考》，载《湖南社会科学》2021 年第 4 期。

[28] 周金堂：《把红色资源红色传统红色基因利用好发扬好传承好》，载《党建研究》2017 年第 5 期。

[29] 习近平：《弘扬"红船精神"走在时代前列》，载《光明日报》2005 年 6 月 21 日。

[30] 王桧林：《中国近现代史》，高等教育出版社 2010 年版。

[31] 刘孚威：《井冈山精神中国革命精神之源》，江西人民出版社 1999 年版。

[32] 余伯流，等：《井冈山革命根据地全史》，江西人民出版社 1998 年版。

[33] 金鑫、徐晓萍：《中国问题报告》，中国社会科学出版社 2002 年版。

[34] 陈世润、李根寿：《论红色文化教育的社会价值》，载《思想政治教育研究》2009 年第 4 期。

[35] 李水第、傅小清、杨艳春：《历史与现实：红色文化的传承价值探析》，载《江西社会科学》2008 年第 6 期。

［36］王四达：《中华民族精神、文化精神与社会发展》，载《中共福建省委党校学报》2003 年第 9 期。

［37］刘寿礼：《苏区"红色文化"对中华民族精神的丰富和发展研究》，载《求实》2004 年第 7 期。

［38］熊扬勇：《论中国红色文化软实力及其提升战略路径》，载《理论导刊》2010 年第 2 期。

［39］邓显超：《关于弘扬苏区精神与提升赣州红色文化软实力的思考》，载《中国特色社会主义研究》2010 年第 1 期。

［40］曾丽雅：《中国共产党精神文化发展历程略论》，载《江西社会科学》2004 年第 8 期。

［41］国家发展改革委：《打造"1258"老区支持政策体系 推动革命老区脱贫空间振兴发展》，载《中国经贸导刊》2016 年第 6 期。

［42］《赣闽粤原中央苏区振兴发展规划》，http：//www. zhongguolaoqu. com。

［43］《左右江革命老区振兴规划》，http：//www. zhongguolaoqu. com。

［44］《川陕革命老区振兴发展规划》，http：//www. zhongguolaoqu. com。

［45］韩广富、刘心蕊：《改革开放以来革命老区扶贫脱贫的历史进程及经验启示》，载《当代中国史研究》2019 年第 1 期。

［46］魏后凯、蔡翼飞：《我国老区扶持政策及其调整方向》，载《中国延安干部学院学报》2011 年第 1 期。

［47］《关于加大脱贫攻坚力度支持革命老区开发建设的指导意见》，http：//www. zhongguolaoqu. com。

［48］徐仁立、胡耀南：《打造全国革命老区高校联席会升级版的思考》，载《百色学院学报》2016 年第 5 期。

［49］叶怀凡：《革命老区教育精准扶贫的价值与优化路径——基于川东革命老区的考察》，载《四川理工学院学报（社会科学版)》2019 年第 4 期。

［50］邓敬雷：《革命老区经济发展的制约因素及化解之策》，载《学习月刊》2019 年第 3 期。

［51］杨晓辉、钟坚龙：《乡村振兴视角下革命老区发展路径探析："红色引领与绿色发展"》，载《福州党校学报》2018 年第 4 期。

［52］李志萌、张宜红：《革命老区产业扶贫模式、存在问题及破解路

径——以赣南老区为例》，载《江西社会科学》2016年第7期。

［53］宋伟、李钧：《红色旅游品牌的发展与提升——以赣南红色旅游品牌为例》，载《企业经济》2018年第6期。

［54］《中共江西省委 江西省人民政府关于新时代进一步推动江西革命老区振兴发展的实施意见》，http：//www.zhongguolaoqu.com。

［55］《国务院关于新时代支持革命老区振兴发展的意见》，http：//www.zhongguolaoqu.com。

［56］国家发展改革委：《赣州革命老区高质量发展示范区建设方案》，http：//www.zhongguolaoqu.com。

［57］魏本权、陈敬：《红色资源学视野下的临沂红色文化及其产业开发》，载《井冈山大学学报（社会科学版）》2011年第1期。

［58］乔丽萍：《论沂蒙文化的精髓——沂蒙精神》，载《临沂师范学院学报》2007年第4期。

［59］邵明华、刘鹏：《红色文化旅游共生发展系统研究——基于对山东沂蒙的考察》，载《山东大学学报（哲学社会科学版）》2021年第4期。

［60］贾楠：《改革开放以来红色旅游发展的历史考察》，载《当代中国史研究》2019年第4期。

［61］韩广富、赵佳佳：《习近平革命老区脱贫攻坚思想及其指导意见》，载《理论学刊》2016年第5期。

［62］林莉、梅燕：《革命老区旅游业引导的新型城镇化建设研究》，载《贵州社会科学》2014年第3期。

［63］习近平：《加快革命老区高质量发展、推动中部地区崛起》，载《中国老区建设》2019年第7期。

［64］张怀英、杨安华、杨瑾：《跨界治理：连片特困地区区域发展与扶贫攻坚的新挑战和新应对》，载《新疆师范大学学报（哲学社会科学版）》2019年第4期。

［65］孙久文、张静、李承璋，等：《我国集中连片特困地区的战略判断与发展建议》，载《管理世界》2019年第10期。

［66］彭清燕：《集中连片特困地区贫困治理与扶贫战略转型》，载《甘肃社会科学》2019年第1期。

［67］刘文生、唐春芳：《左右江革命老区红色资源地区分布概况与开发现状》，载《兴义民族师范学院学报》2017年第6期。

[68] 李柏敏、彭俊、罗瑶：《左右江革命老区精准扶贫及减贫路径研究——对福利村 142 个贫困户的考察》，载《农村经济与科技》2019 年第 14 期。

[69] 和佳慧、吴映梅、余丽娇，等：《西部地区乡村韧性的时空演变及驱动因子探测》，载《地域研究与开发》2023 年第 1 期。

[70] 王兆峰、李琴：《长江经济带旅游产业效率评价及其时空动态演变》，载《长江流域资源与环境》2022 年第 9 期。

[71] 班锦才：《农业经济增长的空间特征与区域差距研究——基于广西县域面板数据的实证》，载《湖北农业科学》2023 年第 9 期。

[72] 曾博伟、李柏文：《非遗赋能乡村振兴的政策选择与措施》，载《云南民族大学学报（哲学社会科学版）》2023 年第 5 期。

[73] 马历、龙花楼、刘炳胜：《"内生—外源"视角下脱贫地区可持续发展研究进展及展望》，载《人文地理》2023 年第 4 期。

[74] 曹子坚、张博：《集中连片特困地区自我发展能力建设——以甘肃省为例》，载《改革与战略》2019 年第 7 期。

[75] 刘洁：《集中连片特困区开发式扶贫方略》，载《开放导报》2019 年第 4 期。

[76]《云南省人民政府关于新时代支持左右江革命老区振兴发展的实施意见》，http：//www. zhongguolaoqu. com。

[77]《国务院关于支持赣南等原中央苏区振兴发展的若干意见》，http：//www. zhongguolaoqu. com。

[78]《国务院办公厅关于山东沂蒙革命老区参照执行中部地区有关政策的通知》，http：//www. zhongguolaoqu. com。

[79]《陕甘宁革命老区振兴规划》，http：//www. zhongguolaoqu. com。

[80] 尹越：《关于我国乡村精准扶贫工作的现状及困难的研究》，载《中国市场》2022 年第 1 期。

[81] 王梦欣、苏佳荫：《浅析解决相对贫困问题的对策》，载《山西农经》2021 年第 1 期。

[82] 韩舒姝、袁东超：《李凯旋. 左右江革命老区红色文化遗产资源整合与旅游开发研究》，载《沿海企业与科技》2021 年第 4 期。

[83] 考鑫凯、王浩然、张宇轩：《陈国庆. 川陕革命老区特色产业融合发展思考》，载《合作经济与科技》2023 年第 12 期。

［84］卢岳华：《全面建设小康社会与我国中西部农村扶贫开发的思考》，载《求索》2004 年第 2 期。

［85］中共中央文献研究室：《三中全会以来重要文献选编》（下），人民出版社 1982 年版。

［86］李康平：《论中共三大红色资源联合开发的政治文化价值》，载《马克思主义与现实》2004 年第 6 期。

［87］汪峰、汪颖子：《中国红色文化生成的系统要素透析》，载《北京师范大学学报》2010 年第 6 期。

［88］魏本权：《从革命文化到红色文化：一项概念史的研究与分析》，载《井冈山大学学报（社会科学版）》2012 年第 1 期。

［89］石仲泉：《中央苏区与苏区精神》，载《中共党史研究》2006 年第 1 期。

［90］陈永莲、孙海英：《沂蒙精神与井冈山精神、延安精神、西柏坡精神之比较》，载《临沂大学学报》2016 年第 2 期。

［91］何立峰：《扎实推进革命老区开发建设与脱贫攻坚》，载《行政管理改革》2016 年第 6 期。

［92］蔡翼飞、赵新一：《中央扶持革命老区发展政策研究》，载《经济研究导刊》2010 年第 12 期。

［93］胡学英、罗海平、唐立君：《我国革命老区高质量发展：历史逻辑、现实困境与实践路径》，载《中共银川市委党校学报》2023 年第 5 期。

［94］习近平：《用好红色资源，传承好红色基因把红色江山世世代代传下去》，载《求知》2021 年第 6 期。

［95］洪永森、张兴祥、张远航：《近代中国〈资本论〉文献集成》系列丛书（共四辑 全 45 册），中央编译出版社 2021 年版。

［96］弗拉基米尔·伊里奇·列宁：《马列主义经典著作典藏文库：列宁选集》（英文版），中央编译出版社 2022 年版。

［97］亨利希·库诺：《马克思研究丛书》（共 9 册），中央编译出版社 2022 年版。

［98］马克思、恩格斯：《马克思恩格斯丛书：1938—1942 年延安马列学院首版》（典藏版），中央编译出版社 2022 年版。

［99］张远航：《恩格斯图传》，中央编译出版社 2022 年版。

［100］李万万：《百家中国博物馆文物讲述中国共产党的奋斗历程》，

中央编译出版社 2022 年版。

[101]《马恩经典 365 天》，中央编译出版社 2021 年版。

[102] 俄罗斯联邦共产党中央委员会：《列宁生平画传：生平与回忆》，中央编译出版社 2021 年版。

[103] 陶德麟：《马克思主义与中国道路（当代马克思主义论丛）》，中央编译出版社 2018 年版。

[104] 李江凌：《马克思主义的民生思想与实践》，中央编译出版社 2015 年版。

[105] 唐奕：《基层治理之路：来自基层实践者的中国梦》，中央编译出版社 2016 年版。

[106] 欧阳淞：《党的历史知识简表集成（1921—2021）》，中共党史出版社 2022 年版。

[107] 毛泽东：《新民主主义论》，新华书店 1949 年版。

[108] 毛泽东：《农村调查》，解放社 1949 年版。

[109] 陈继安、胡哲峰：《邓小平之魂——走进邓小平的精神世界》，中共中央党校出版社 1997 年版。

[110] 朱兆中：《当代中国的价值追求——坚持马克思主义在意识形态领域指导地位的思考》，上海人民出版社 2012 年版。

[111] 毛泽东：《毛泽东同志论教育工作》，人民教育出版社 1958 年版。

[112] 马克思：《马克思语录》，载《郑州大学学报（哲学社会科学版）》2023 年第 6 期。

[113] 毛泽东：《马克思主义的科学》，载《财经研究》1960 年第 2 期。

[114] 俞可平：《治理和善治引论》，载《马克思主义与现实》1999 年第 5 期。

[115] 马克思、恩格斯、列宁、斯大林：《马克思恩格斯选集》，人民出版社 1972 年版。

[116] 中共中央马克思、恩格斯、列宁、斯大林著作编译局：《列宁全集》，人民出版社 1988 年版。

[117] 王嘉毅、封清云、张金：《教育与精准扶贫精准脱贫》，载《教育研究》2016 年第 7 期。

[118] 张彬斌：《新时期政策扶贫：目标选择和农民增收》，载《经济

学（季刊）》2013 年第 3 期。

［119］章元、陆铭:《社会网络是否有助于提高农民工的工资水平》，载《管理世界》2009 年第 3 期。

［120］杨晓辉、钟坚龙:《乡村振兴视角下革命老区发展路径探析:"红色引领与绿色发展"》，载《福州党校学报》2018 年第 4 期。

［121］罗忠丽:《以党史学习教育助推乡村振兴的实践路径研究》，载《农村·农业·农民》2021 年第 24 期。

［122］冀俊:《乡村振兴背景下的农业生态旅游发展对策探讨》，载《山西农经》2018 年第 23 期。

［123］刘世庆、刘渝阳:《川陕革命老区创新发展模式研究:巴中、广元、达州调研》，载《西南金融》2011 年第 6 期。

［124］张科、朱虹、黄细嘉:《红色旅游发展与革命老区经济增长》，载《社会科学战线》2023 年第 8 期。

［125］林海、赵路犇、胡雅淇:《数字乡村建设是否能够推动革命老区共同富裕》，载《中国农村经济》2023 年第 5 期。

［126］史婵、奚哲伟、王小林:《革命老区振兴发展实践与基本公共服务短板分析》，载《中国农村经济》2023 年第 7 期。

［127］龚斌磊、张启正、袁菱苗、刘晓光:《革命老区振兴发展的政策创新与效果评估》，载《管理世界》2022 第 8 期。

［128］李珍珍、张辛欣:《红色文化资源助推革命老区乡村振兴的现实路径》，载《新华文摘》2023 年第 21 期。

［129］刘若水:《"志智双扶"嵌入实施乡村振兴战略的路径构建——基于河南省×村的实地调研》，载《桂林航天工业学院学报》2021 年第 1 期。

［130］刘慧娴、王世恒:《乡村振兴背景下乡村精神脱贫的现状及对策研究》，载《大庆社会科学》2022 年第 4 期。

［131］王志凌、曾洪、罗蓉:《数字基础设施建设是否增强了农业经济韧性?》，载《学习与实践》2023 年第 12 期。

［132］汪佩佩:《数字乡村对西部地区城乡收入差距的影响研究》，载《中国商论》2023 年第 22 期。

［133］蔡松涛:《奋力谱写革命老区高质量发展新篇章》，载《红旗文稿》2023 年第 10 期。

［134］殷启翠、刘玉龙：《黑龙江省革命老区红色旅游资源整合与文化传播》，载《学术交流》2021 年第 12 期。

［135］安宁：《党的十八大以来国家发展改革委推动革命老区振兴发展纪实》，载《宏观经济管理》2022 年第 5 期。

［136］黄波：《加快革命老区新型城镇化建设要做好三篇文章》，载《中国党政干部论坛》2022 年第 10 期。

［137］靳书君、瞿久淞：《革命老区新时代马克思主义大众化的实践创新——基于百色革命老区典型分析》，载《兰州学刊》2019 年第 11 期。

［138］黄宝玲、叶先宝：《推动革命老区创新驱动发展的地方政府行为研究》，载《佳木斯大学社会科学学报》2023 年第 5 期。

［139］傅晓芳：《乡村振兴背景下川陕革命老区红色文化资源开发路径探析》，载《湖北农业科学》2022 年第 2 期。

［140］邓小平：《邓小平文选》，外文出版社 1998 年版。

［141］习近平：《以史为鉴、开创未来埋头苦干、勇毅前行》，载《求是》2022 年第 1 期。

［142］习近平：《扎实推动共同富裕》，载《求是》2021 年第 20 期。

［143］习近平：《习近平语录》，载《种子》2023 年第 11 期。

［144］中国老区建设促进会：《中国革命老区》，中共党史出版社 1997 年版。

后　记

本书立足当前国家振兴发展的 12 个重点连片革命老区，选取 2017 年至 2021 年这是我国政府大力推进老区发展的关键五年，对东部、中部和西部地区的革命老区的发展历程进行了系统梳理和全面研究，同时选取了赣南和沂蒙两个具有代表性的革命老区进行了深入研究。从历史源起到现实发展，我们追溯过去、观察现状、展望未来，力求呈现一个全面、客观的画卷。

本书从内容结构上分为三个板块：第一板块为第一章，介绍了中国革命老区的概念、范围和历史背景。第二章到第四章为第二个板块，介绍了东部、中部、西部地区革命老区的振兴发展情况，包括各地的地理环境、资源、政府的扶持政策、经济表现以及教育、文化和社会保障等方面的进步与挑战。第三个板块为第五章和第六章，以赣南、沂蒙革命老区为案例，介绍了该地区的形成背景、行政范围、发展状况，以及面临的挑战，并提出了未来发展的建设性意见。

全书由李晶担任总策划和总撰稿人。具体章节作者安排如下：钟无涯撰写第一章。张小娴和刘桂平参与第二章、第三章撰写，黎俊负责第四章，黄红负责第五章和第六章。全书的排版工作由黄红完成，钟无涯完成全部章节的校对工作。最后，由李晶和钟无涯完成书稿定稿。

课题组成员在数据收集和初稿撰写阶段投入了大量的时间和精力。本书出版得到南昌大学经济管理学院、南昌大学中国中部经济社会发展研究中心的领导和同仁的大力支持，经济科学出版社李一心编辑、宋涛主任也付出了辛勤劳动，并给予大力帮助，在此一并致以诚挚的感谢。本书也是研究阐释习近平文化思想和习近平总书记考察江西重要讲话精神省社科基金专项课题《江西省战略新兴产业链发展整合策略研究》（项目编号：23ZXQH09）和南昌大学中国中部经济社会发展研究中心招标项目《中国革命老区红皮书（中国革命老区振兴政策史)》（项目编号：22zbzx04）的研究成果。